艺|术|体|育
高校学术研究论著丛刊

学前儿童体育游戏
教学设计与实施

杜艳枝　著

中国书籍出版社
China Book Press

图书在版编目（CIP）数据

学前儿童体育游戏教学设计与实施 / 杜艳枝著.--
北京：中国书籍出版社，2022.10

ISBN 978-7-5068-9213-1

Ⅰ.①学… Ⅱ.①杜… Ⅲ.①体育游戏 – 教学研究 –
学前教育 Ⅳ.①G613.7

中国版本图书馆CIP数据核字（2022）第183640号

学前儿童体育游戏教学设计与实施

杜艳枝 著

丛书策划	谭 鹏 武 斌
责任编辑	成晓春
责任印制	孙马飞 马 芝
封面设计	东方美迪
出版发行	中国书籍出版社
地　　址	北京市丰台区三路居路97号（邮编：100073）
电　　话	（010）52257143（总编室）　　（010）52257140（发行部）
电子邮箱	eo@chinabp.com.cn
经　　销	全国新华书店
印　　厂	三河市德贤弘印务有限公司
开　　本	710毫米×1000毫米 1/16
字　　数	206千字
印　　张	13
版　　次	2023年3月第1版
印　　次	2023年8月第2次印刷
书　　号	ISBN 978-7-5068-9213-1
定　　价	88.00元

目　录

第一章　学前儿童身心发展与健康影响因素

随着人们健康理念的树立和强化，学前儿童的身心健康成为很多家庭乃至社会关注的焦点。学前儿童健康关系着幼儿的健康成长和发展。学前儿童正处于生长发育的关键阶段，身心发育比较特殊，体质健康受到诸多因素的影响。学前儿童体育教育尤其是体育游戏对这一特殊群体的生长发育、身心健康有着重要的意义。了解学前儿童的身心发展特点、健康影响因素以及体育游戏对学前儿童健康的重要意义，并学会科学测评学前儿童的体质状况，能够为我国开展学前儿童体育教育、体育游戏教学提供科学依据。本章主要对这些内容展开详细分析与研究。

第一节　学前儿童身心发展的特点

一、学前儿童身体发育特点

在人体解剖学视角下，人的身体健康主要与运动系统、呼吸系统、神经系统、消化系统、感官等各系统的发育和功能有关。下面主要从这几方面分析学前儿童的身体发育特点。

（一）运动系统

人体运动系统主要由骨骼、肌肉和关节组成，学前儿童运动系统的特点主要从这三个组成部分各自的发育中体现出来。

1.骨骼

学前儿童骨骼的发育特点主要表现如下。

（1）学前儿童骨膜比较厚，骨骼具有较强的再生能力。

（2）学前儿童骨中含有较多的有机物，软骨占有较大的比例。这就增加了骨的可塑性和弹性。但如果学前儿童没有养成正确的身体姿势，时间久了骨骼容易发生变形。

（3）人出生时腕骨都是软骨，随着生长发育逐渐钙化。学前儿童腕骨钙化还未结束，一般全部钙化要等到10岁左右。所以学前儿童手上的力气小，适合玩一些比较轻的玩具，不能持续做太久精细的动作。

（4）婴幼儿还处于颅骨骨化阶段，颅骨骨化的程度主要反映在前囟门

（颅顶中央）的闭合时间上。

（5）学前儿童的骨盆长得不够结实，其髋骨还未完全骨化，没有成为完整的骨，因此蹦蹦跳跳时要格外小心。

（6）作为人体的重要支柱，人的脊柱从侧面看有四道弯，这就是解剖学中所说的"脊柱生理性弯曲"。随着学前儿童动作的不断发育，逐渐形成脊柱生理性弯曲，其完全定型一般要等到发育成熟时。在脊柱生理性弯曲没有完全固定之前，如果学前儿童长期身体姿势不良，不仅会导致脊柱变形，还会影响脊柱的功能。

2.肌肉

（1）从学前儿童的肌肉成分来看，脂肪、蛋白质和无机盐的含量少，水分含量多。

（2）学前儿童肌纤维细，肌肉能量储备小，力量弱，所以在玩耍时容易疲劳，但因为他们新陈代谢旺盛，供氧充足，所以疲劳消除得也快。

（3）学前儿童不同部位肌肉群的发育速度不同，因此肌肉群的能量不平衡。一般来说，发育较早的是对上下肢有支配作用的大肌肉群，如前臂、上臂部位大肌肉的发育要比手腕、手指部位小肌肉发育时间早。

3.关节

（1）学前儿童关节窝比较浅，关节囊、韧带有良好的伸展性，所以关节的活动范围较大。

（2）学前儿童关节囊、韧带尽管伸展性好，但相对比较松弛，缺乏牢固性，受到外力时容易脱臼，导致关节囊、韧带的运动功能受损。适当的体育锻炼能够使学前儿童的关节更灵活、牢固。

（二）呼吸系统

学前儿童呼吸系统的发育特点主要表现如下。

1.呼吸方式

婴儿期,呼吸肌、肋间肌处于初步发育时期,胸廓只能小范围活动,呼吸时肺部向膈肌方向移,因而呼吸方式以腹式呼吸为主。

2岁以后,幼儿行走逐渐稳健灵活,相应地,膈肌下移,肋骨倾斜,呼吸肌也越来越发达,呼吸方式开始以胸式呼吸为主。

2.呼吸浅、快

婴幼儿胸廓呈圆桶状,面积小,呼吸能力比较弱,主要进行浅呼吸,不能充分换气,但因为婴幼儿新陈代谢旺盛,需氧量大,因此能以呼吸频率加快的方式满足对氧的需要。随着年龄的增加,呼吸频率逐渐减慢。

3.呼吸节律不均匀

婴幼儿靠中枢神经系统支配呼吸运动,因为中枢神经系统处于初步发育期,占主导的一般是迷走神经兴奋性,所以呼吸时而深、时而浅,节律不齐,有时还会出现呼吸暂停或间歇的现象。

(三)神经系统

1.中枢神经系统发育特点

(1)婴幼儿时期大脑表面凹凸不平,凸起的是脑回,凹陷的是脑沟。学前儿童3岁以前大脑皮层脑回数量不多,脑沟相对较多,但比较浅,大脑皮层还没有完全发育,还不能很好地控制皮层下各中枢的活动。3岁时,大脑皮层细胞基本完成分化,之后脑迅速发育,8岁时接近成人。

(2)刚出生的婴儿小脑发育得并不好,小脑半球非常小。1岁时,小脑开始迅速发育,3岁时已经发育得非常好,主要表现为身体平衡维持的时间久、能准确完成身体动作等。

(3)婴幼儿时期,延髓(位于脑的最下部,与脊髓相连)基本发育成熟,它含有维持生命的重要中枢,如吞咽、循环、呼吸等,因而能够维持正常的生命活动。

2.神经纤维的髓鞘化

学前儿童因为神经髓鞘（包裹在神经细胞轴突外面的一层膜）没有完全形成，所以当神经受到外界刺激时，刺激在无髓鞘神经纤维中传导速度慢，不能快速隔离刺激，因而兴奋很快在大脑中扩散。这就能解释为何学前儿童尤其是婴幼儿对外来刺激反应慢，容易激动，不易集中注意力。

（四）消化系统

消化系统是人体非常重要的组成部分之一，下面主要从口腔、肝脏、肠、胃四个方面了解学前儿童消化系统的发育特点。

1.口腔

刚出生的小婴儿因为唾液腺还未发育好，所以只分泌较少的唾液，口腔常常干燥。三四个月后的婴儿，随着唾液腺的不断发育，分泌的唾液逐渐增多，出现"生理性流涎"，也就是流口水。

婴儿在5～10个月这个阶段开始出牙，正常来说最晚不超过1岁。出牙时可能会发生一些生理反应，如低热、烦躁、睡眠不安、流口水等，家长需注意安抚。乳牙共20颗，全部长出一般在两岁到两岁半之间。不同个体乳牙的萌出时间是有差别的，遗传、内分泌、食物性状等对此有直接的影响。学前儿童乳牙萌出时间如图1-1所示。

6～7岁是学前儿童开始换牙的时期，这时乳牙脱落，长出恒牙。第一颗恒牙（第1磨牙）的萌出时间一般在6岁左右，其他乳牙在7～8岁以后按乳牙萌出的顺序依次脱落，随之长出恒牙。直到20～30岁时32颗恒牙才能全部长出。

2.肝脏

（1）学前儿童肝功能发育尚不健全，肝脏只能分泌较少的胆汁，而且无法存储大量糖原，饥饿时容易出现低血糖症状。

（2）学前儿童肝脏功能较差，不能很好地消化脂肪，不具备解毒能力。

（3）学前儿童本身具有较强的肝细胞再生能力，这主要是因为他们新陈代谢旺盛。

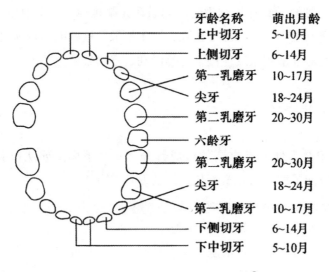

牙龄名称	萌出月龄
上中切牙	5~10月
上侧切牙	6~14月
第一乳磨牙	10~17月
尖牙	18~24月
第二乳磨牙	20~30月
六龄牙	
第二乳磨牙	20~30月
尖牙	18~24月
第一乳磨牙	10~17月
下侧切牙	6~14月
下中切牙	5~10月

图1-1 学前儿童乳牙萌出时间[①]

3.肠

（1）婴幼儿的肠管超过身长的6倍，成人肠管只是身长的4倍。所以说婴幼儿肠管的相对长度长于成人，相对消化面积大于成人。

（2）学前儿童结肠壁薄，结肠带的分布不明显，直肠、升结肠与腹后壁尚不固定，所以出现肠扭转的可能性较大。

（3）学前儿童小肠黏膜的淋巴管和毛细血管丰富，具备良好的吸收能力，但缺乏良好的自主神经调节性，再加上肠壁肌肉组织和弹力纤维没有完全发育，因此肠胃蠕动慢，消化功能较差，肠道功能紊乱的症状比较容易出现，从而造成了便秘、腹泻的发生。

4.胃

学前儿童的胃容积随着年龄的增加而增加，见表1-1。

---

① 何淑艳，荣雯，曲波.学前儿童体育教育[M].南京：东南大学出版社，2018.

表1-1　学前儿童的胃容积变化

年龄	胃容积
新生儿	50～80毫升
3个月	100毫升
1岁	250毫升
3岁	700毫升
6岁	900毫升

学前儿童胃黏膜相对来说比较薄嫩，胃组织尚不具备很好的弹性，胃壁还无法分泌很多的消化液和消化酶，因而消化功能较弱，胃里的食物能停留较长时间，尤其是富含脂肪的食物。所以学前儿童饮食要注意控制量，两餐间隔时间要根据年龄特点、消化能力而定。

（五）感官系统

感官包括眼、耳、鼻、舌、身等感受外界刺激的器官。这里重点对学前儿童眼睛和耳朵的发育特点进行分析。

1.眼睛

（1）生理性远视

学前儿童在4～5岁之前普遍存在生理性远视，主要原因在于眼球前后距离较短，物体在视网膜后面成像。5岁左右之后，眼球的前后距离随着发育而变长，这时视力慢慢转向正常。

（2）晶状体弹性较好

晶状体是眼球内的透明盘状物体。对学前儿童来说，其晶状体有很好的弹性和较大的可塑性，他们眼前的物体往往能够因晶状体的曲度加大而于视网膜上成像。因此学前儿童近距离看书也不易出现眼疲劳，甚至书离眼球只有5厘米，也能看清书上的字。但这不是很好的习惯，进入小学后，用眼的时间比较多，如果还是超近距离看书，容易导致睫状肌疲劳，造成近视眼。

因此保护视力要从学前开始。

2.耳

（1）外耳道

学前儿童外耳道处于发育状态，外耳道壁还没有骨化，所以若出现感染，很可能向附近的组织器官扩散。外耳道完全骨化一般是10岁左右，听觉器官充分发育在12岁左右。

（2）对噪声更敏感

噪声是环境污染的一种类型，对学前儿童的健康有害。学前儿童耳蜗的感受性能大于成年人，对外界声音十分敏感，对他们来说比较安静的环境应该是噪声不超过50分贝。否则即使噪声高于50分贝一点，如60分贝，也会对他们的休息产生影响。如果学前儿童生活环境中的噪声经常大于80分贝，就会导致他们烦躁不安、睡眠不足，也会影响记忆力和消化功能，长此以往，容易损坏听力。

（3）易患中耳炎

学前儿童容易患中耳炎，这是因为他们的咽鼓管（人体沟通鼻腔、咽腔和中耳腔的解剖通道）比较短，这样鼻咽部的细菌很容易经咽鼓管到达中耳，从而引起急性中耳炎。

二、学前儿童心理发展特点

学前儿童的注意、记忆、思维和想象、情绪和情感以及性格等心理因素都有自己的特点，与生理发育息息相关。下面主要从这几方面来了解学前儿童的心理发展特点。

（一）注意

注意包括有意注意和无意注意两种类型。婴儿的注意主要是无意注意，

3个月后慢慢开始注意声音和人脸，但时间很短暂。随着不断地生长发育，注意的内容、范围都有所增加，再加上动作语言功能的不断发展，有意注意也出现得越来越多。

学前儿童期注意力容易转移，常常会分散注意力，注意力还不具备良好的稳定性。6岁左右开始能够对自己的注意力有较好的控制，但控制和集中注意力的时间较短，大约有15分钟。

（二）记忆

（1）记忆是人人都有的心理过程，它比较复杂。学前儿童记忆内容少，时间短，往往对带有强烈情绪（高兴、恐惧等）和情感的事情记得比较清楚，对平淡的事情记得比较模糊，甚至完全没有记忆。

（2）学前儿童随着生活接触面的扩大，看到的东西、发生的事情越来越多，记忆的内容也随之增多，而且记忆的时间、复杂性也会增加。

（3）学前儿童期的记忆大都是机械记忆，不是特别精确，而且具有很强的暗示性。随着他们思维的不断发展，其他记忆形式如有意记忆、逻辑记忆开始产生，记忆的东西也变得复杂，记忆越来越深刻。

（三）思维和想象

1.思维

人的智力活动的核心是思维，人脑的高级活动也集中反映在思维上，人们通过语言来表达思维。以自我为中心是2～4岁学前儿童的思维特征，4～7岁的学前儿童能够进行具体形象思维，从具体事物的逻辑关系出发在大脑中完成推理。

随着不断成长，学前儿童掌握的思维方法也越来越多，如能够分析、比较、综合等，也能进行目的明确的思维活动，思维更加具有逻辑性和灵活性，在此基础上独立思考能力逐渐获得发展。

2.想象

想象是思维活动的一个重要表现，具有间接概括性。学前儿童想象的特点如下。

（1）1～2岁的幼儿刚刚萌芽出想象的思维活动。

（2）3岁后想象的内容逐渐增加，但仍以零星的思维活动为主，想象尚不具备连贯性和整体性。

（3）5岁左右开始想象力发展很快，主要是无意想象，到学龄期逐渐产生有意想象。

（四）情绪

刚出生的婴儿对宫外环境不适应，情绪常常比较消极，2个月时，随着适应性的增强，逐渐产生了较多的积极情绪，特别是在吃饱后，在环境舒适的室内，躺在妈妈的怀中，听着悦耳的音乐，情绪非常愉快。

幼儿的情绪特征主要表现为反应强烈、变化快、外显、冲动性强、非常真实。随着年龄的增加，情绪反应慢慢开始稳定，能够对自己的情绪有意识地加以控制。

（五）性格

人的性格并不是生下来就有的，而是在长期的生活中逐渐形成的，它是人的个性心理特征的重要表现之一。婴儿的所有生理需要都要靠成人来满足，非常依赖和信赖亲人。当幼儿可以独立行走，语言功能提升后，可以表达自己的需要，逐渐可以自主吃饭、排便，有了一定的自主意识和行为，但依然依赖亲人，依赖与违拗并存。随着学前儿童年龄的增加，他们的自主性、自理能力逐渐提升，但当主动行为达不到想要的结果时，就会表现出内疚、失望、生气的情绪。

总之，学前儿童的身心发展有自身的独特性，随着年龄的增加，身体和心理的发育、发展都会有所变化，我们要了解学前儿童的身心特点，把握其身心发展规律，并及时发现问题，采取科学有效的方式实施干预，促进学前儿童健康成长。

第二节　学前儿童体质健康的影响因素

学前儿童的生长发育和体质健康既受到先天因素的影响，也受到后天环境、营养等因素的影响。在学前儿童健康教育中，应充分了解学前儿童体质健康的影响因素，充分发挥积极因素的作用，抑制消极因素的影响，有效预防和解决健康问题。

一、遗传因素

子代和亲代之间在形态结构和生理功能上的相似就是遗传。父母的基因在一定程度上影响着学前儿童生长发育的特征、限度、潜力以及趋向等。在胚胎期，受精卵中含有父母双方的多种基因，各种基因以不同的形式组合，对个体出生后的各种遗传性状产生了重要影响，甚至是决定性的影响。通过基因传递，学前儿童在身体形态、身体机能、心理素质等方面的特征都或多或少有父母的"影子"。

遗传因素影响着学前儿童的生长潜力，这种潜力的发挥程度，也会受环境因素的影响。例如，双胞胎的身高、头围一般都比较接近，但体重可能差别比较大，这说明骨骼系统发育的遗传度很高，但体重的遗传度不高，易受后天环境的影响。

二、营养

学前儿童的生长发育、体质健康离不开充足和合理的营养，这是必不可少的物质基础和基本保证。年龄越小的幼儿，生长发育和体质健康受营养因素的影响越大。

研究表明，幼儿智力发育在一定程度上是由早期营养决定的，妊娠的后3个月到出生后半年这一阶段的营养最为关键。如果母亲在怀孕期间营养不良，会影响胎儿脑细胞分裂，导致脑细胞数量低于正常水平，而且也容易影响树突发育，严重者易致胎儿脑损伤。

婴幼儿时期的营养很关键，如果长期营养不良，特别是没有摄入足够的热量和蛋白质，将会对体重增长、大脑发育造成严重影响，并导致身体各组织系统功能下降，如影响机体的免疫功能、神经系统和内分泌系统的发育。学前儿童营养不良还会影响学习能力。

学前儿童生长发育期既要防止营养不良，也要防止营养不平衡和营养过剩，否则会造成营养素过多症、肥胖等健康问题。

三、环境

（一）生活环境

学前儿童长期处于良好的生活环境中，有助于促进生长发育和体质健康。良好的生活环境主要表现为阳光充足、空气新鲜、水源清洁等。如果生活环境差，环境污染严重，将会严重影响学前儿童的健康成长。例如，大气污染易造成铅中毒，当血铅>60ug/dl（微克/分升）时，易导致心理发育迟缓和智力低下。

科学的生活制度、日常护理、健康教育、运动锻炼对学前儿童的体格生长、心理发展具体促进作用。家庭关系、父母对子女的态度及榜样作用、学校教育和社会教育环境等对学前儿童性格及品德的形成、情绪的稳定和智能的发育具有深远影响。

（二）幼儿园（托儿所）环境

幼儿园（托儿所）是对学前儿童进行保育、教育和次级社会化的重要场所，幼儿园的园风、物质环境、人际关系、保育、教育的方法和特点对学前儿童身心健康、社会适应有重要影响。如果师幼关系紧张，儿童化氛围欠缺，学前儿童心理保健被忽视，学前教育方法单一、枯燥、粗暴等，都可能导致学前儿童出现情绪低落、恐惧、说谎等心理问题。

幼儿园（托儿所）教师的性格、情绪、行为方式对学前儿童的心理健康有直接的影响。脾气粗暴、情绪无常、偏执偏爱、冷漠、不公正的教师会在无形中损害学前儿童的心理健康。

第三节 体育游戏与学前儿童健康

一、体育游戏对学前儿童生长发育的影响

根据学前儿童的身心特征、兴趣爱好和实际需求设计一些简单有趣的体育游戏，鼓励和指导学前儿童积极参与体育游戏活动，将对学前儿童的生长发育产生重要的积极影响。下面具体分析科学合理的体育游戏运动对学前儿童各系统发育的影响。

（一）对运动系统的影响

第一，体育游戏活动有助于改善骨的营养供给，促进骨的新陈代谢，有利于骨的生长发育。尤其是运动时机械的作用，它可以不断刺激骨骺软骨细胞并使其加速分裂、繁殖，并不断钙化，使长骨不断增长，促进学前儿童长高。

第二，体育游戏锻炼能够使骨密质增厚，骨松质中的骨小梁增多、增粗，并按压力或拉力线方向分布，增强骨的坚固性，提高骨的抗压、抗拉、抗弯曲、抗扭转能力。

（二）对呼吸系统的影响

第一，学前儿童经常参加体育游戏活动，尤其是户外体育游戏，有助于增强呼吸系统的功能、维护呼吸系统的健康。

第二，学前儿童在身体运动中可以加强呼吸深度，促进肺部的生理活动，有利于排出肺尖部位沉积的病菌，促进肺部健康。

（三）对神经系统的影响

体育游戏活动对学前儿童神经系统的影响主要表现为下列两个方面。

1.改善神经过程的不均衡性

学前儿童大脑皮层的抑制和兴奋的强度不均衡，兴奋占优势，主要表现为好动、兴奋、身体自控能力较差、动作不协调等。体育游戏活动有利于改善学前儿童神经过程的不均衡性，加深大脑皮层的抑制，使抑制和兴奋更加集中。

例如，单脚站立、走平衡木、转圈后停下来等游戏活动能增强学前儿童大脑皮层的抑制过程，提高其身体自我控制能力。此外，躲闪跑、追逐跑、躲避沙包等游戏能更加集中学前儿童神经过程的兴奋性，促进其神经过程的灵活性的增强。

2.提高神经系统调节的功能

学前儿童参加体育游戏时，必然要完成一些身体运动，这就需要人体各器官系统的生理活动密切配合，而且这种配合必须要靠神经系统的调节才能顺利实现。因此，体育游戏能够完善学前儿童神经系统的功能，促进神经系统调控能力的提升。

从具体活动来看，跑、走、攀登、攀爬等游戏活动都可以提高学前儿童肌肉—神经活动的熟练程度；跳跃游戏能增强学前儿童神经系统对心肺系统的调节功能；拍球、跳绳、抛接球等游戏能发展学前儿童神经系统对肌肉运动、感知的调节能力，使身体运动更准确、协调。

需要注意的是，学前儿童神经系统比较脆弱，大脑神经细胞易疲劳，脑组织对缺氧很敏感，耐受力较差，所以组织学前儿童参与体育游戏活动时，必须注意合理搭配，交替进行动的活动与静的活动；活动量不宜过大，要让学前儿童产生愉快的情绪和获得快乐的体验。

二、体育游戏对学前儿童心理健康的影响

学前儿童适当参与一些体育游戏活动，对心理健康也有重要意义。主要表现在下列几方面。

（一）对观察能力的影响

学前儿童的观察力相对来说发展比较缓慢，但具有一定的稳定性。体育游戏锻炼能够有效培养与提升学前儿童的观察能力。在体育游戏活动过程中，学前儿童为了完成游戏任务，会对游戏用具、游戏伙伴进行无意识地观察。长此以往，就可以有效锻炼学前儿童的观察能力。

（二）对记忆力的影响

科学研究表明，学前儿童在5岁以前的记忆没有策略性，5岁以后逐渐从无意记忆向策略性记忆过渡。而参加体育游戏活动能够加快这一阶段的过渡，培养学前儿童的策略性记忆力。学前儿童参加体育游戏，在游戏结束后引导其回忆游戏过程、游戏包含的环节、游戏中自己与小伙伴的表现等，能够促进其记忆力的提升。

（三）对情绪的影响

运动能够帮助人缓解紧张心理，使人暂时忘掉烦心事，保持愉悦的心情。学前儿童参加活泼有趣的体育游戏，在身体运动的过程中，情绪中枢受到外界因素的刺激，从而产生愉悦、兴奋的情绪和心理感受。

在体育游戏中，学前儿童的注意力主要集中于游戏和玩具上，从而在不愉快事情上分配的注意力就减少了。注意力转移后带来的积极情绪能够替代不良情绪，或者使他们借助体育游戏来释放不良情绪。体育游戏有一定的规则，很多游戏都有成功的标准，如果学前儿童在游戏中获得成功，则将产生积极活泼的情绪感受，也能培养其自信。如果游戏不成功而产生失落、内疚的情绪，就要帮助他们合理疏解、发泄。

（四）对思维的影响

学前儿童的思维能力随着年龄的增长缓慢发展。学前儿童思维能力发展的影响因素中，体育活动的影响并不明显，主要原因是集体类体育活动偏重于强调团体意识和集体荣誉，不易兼顾个体个性心理的发展。而且纯粹的体育活动中不含有具体生动的事物形象，与学前儿童以具体形象思维为主的思维特点不符。

学前儿童普遍喜欢听童话故事，看动画片，因为故事和动画片中的人物形象是鲜活而生动的，从学前儿童的思维特点来看，他们比较容易理解这样的人物形象。因此，要通过体育活动来培养学前儿童的思维能力，首先应考虑生动活泼的体育游戏活动。如果可以结合童话故事或动画片去设计体育游戏的场景、情节，那么对培养学前儿童的游戏参与兴趣、思维能力则会产生更加重要的作用。

总之，在面向学前儿童的体育游戏活动中加入具体的、有吸引力的形象物体，融入能够提高儿童思维能力的因素，有助于使学前儿童的思维在外界因素的有效刺激性获得良好发展。

（五）对个性特征的影响

学前儿童的个性、行为与运动有着密切的联系。因为身体运动中总是伴随着意志力，因而个体的性格能够在一定程度上影响运动中的瞬间爆发力、肌耐力、身体协调能力，影响运动的持久性。

学前儿童性格与运动能力的关系可以通过运动能力测试结果体现出来。比如，如果学前儿童性格倔强，缺乏通融性，则会导致运动能力测试成绩总体不如意；如果学前儿童性格活泼开朗，但做事比较慌张，运动能力测试成绩则会忽高忽低，不是特别稳定；如果学前儿童做事努力认真，即使不太熟练，运动能力测试成绩总体也是令人满意的，特别是肌耐力测试结果非常理想；而做事三心二意的学前儿童，没有耐力，也缺乏气力，其运动能力测试结果往往不够好，特别是缺乏良好的瞬间爆发力和肌耐力。

关于学前儿童个性特征与运动能力之间的关系的研究还有很多。比如研究表明，喜欢运动的学前儿童往往性格开朗，做事勇敢、果断，有较强的判断力；反应较慢，但意志力顽强的学前儿童，做事往往能善始善终，坚持不懈，尽管他们在需要灵活性、敏捷性、瞬发力的活动中表现不佳，但也能从容自信地完成任务，稳定发挥自己的水平。

对学前儿童个性特征、行为以及运动能力之间的关系有所了解后，教师要因材施教，设计不同类型的体育游戏活动来有针对性地培养不同性格的幼儿，以促进他们良好个性品质的养成。例如，对于身体缺乏灵活性、敏捷性、但拥有较强意志力的幼儿，多设计一些躲闪跑、跳跃类游戏活动；对于活泼好动、身体敏捷，但意志力和自控力较差的幼儿，适当多设计一些平衡类游戏活动以及能够考验和锻炼意志力的活动。

三、体育游戏对学前儿童社会适应能力的影响

社会适应能力也是学前儿童体质健康的重要表现之一。体质健康不仅包括身体健康、心理健康，还包括良好的社会适应力，也就是社会适应健康。体育运动，特别是有特定角色划分的体育游戏活动对学前儿童的适应能力有重要影响。

对学前儿童来说，身体活动能力是其他行为的基础，而且年龄越小，越是如此。学前儿童的身体活动能力及其自身对此的肯定程度直接影响他们以后的意识发展与成长。体育游戏是一类比较特殊的运动方式，既有个人游戏，也有集体游戏。为培养学前儿童的社会适应能力，应该多设计一些团体类游戏。指导学前儿童参与团体类体育游戏时，要教导其遵守游戏规则，与同伴相互合作，要自信、勇敢、坚持不懈，不要冲动，切忌急于求成和半途而废，从而对学前儿童的团队意识、协作能力进行培养，也能使他们初步了解什么是责任感，如何扮演好自己的角色，这些收获对其以后的发展具有重要意义。

3～4岁的小朋友刚进入幼儿园时，有的胆子比较小，较为孤立，协作意识也比较差。因此，要努力营造和谐的团体氛围，创造能够培养其团队意识的机会。可以通过开展儿童足球、接力赛等体育游戏活动来培养其团队意识，消除其紧张、害怕的心理，使他们从自我封闭的孤立状态中走出来，融入集体，从而主动与小朋友交流、玩耍，主动向教师说出自己的需求，很好地适应集体环境，提高适应力。

体育游戏教学是一种很好的幼儿教育方式，能够为幼儿提供体验不同角色的机会，丰富他们的集体生活经验，使其学会竞争、合作、自我约束，这对幼儿的健康成长与社会适应具有重要意义。

第四节　学前儿童体质测评

一、学前儿童体质测评的重要性

定期测量与科学评价学前儿童的体质健康状况，对开展健康促进工作、制订学前教育计划具有重要意义。

（一）有助于改进健康教育工作

通过开展学前儿童体质测评工作，获得真实的测量数据和评价结果，对进一步开展学前儿童健康教育工作具有重要的参考价值。有关部门能够从中发现问题，研究解决方案，改进工作计划。此外，学前儿童测评分析结果也为教育部门、卫生部门制定学前教育纲要和相关法规政策提供了重要的理论依据。

（二）有助于制订学前教育计划

通过测试与评价学前儿童的体质健康状况，能够为制订学前教育计划提供依据。对学前儿童的身体发育水平、身体机能状态、身体素质、心理素质以及社会适应能力等体质因素进行综合测评，全面了解学前儿童的健康状况，清楚学前儿童的发展需要，可以更好地对今后的学前教育方案进行设计，提高学前教育目标制定的合理性、教育内容选择的针对性、教学进度安排的合理性以及教育方法设计的实用性，并且便于全方位调控学前教育课程，有针对性地改革与完善课程。

二、学前儿童体质测试指标

对学前儿童进行体质测试，主要围绕身体形态、生理生化功能、身体素质和运动能力、心理发展水平以及适应能力等几个方面展开，每个方面又各自包含一些具体的测试指标，见表1-2。

表1-2　学前儿童体质测试指标[①]

测试内容	测试目的	具体指标
身体形态生长发育情况	了解学前儿童身体组成成分方面的发育水平，如体格、体型、身体姿势	（1）身高、坐高 （2）体重 （3）胸围、头围、上臂围 （4）身体组成（皮脂厚度、去脂体重）等
生理生化功能	了解学前儿童机体内脏器官的工作效能和新陈代谢水平	生理指标： （1）呼吸频率 （2）心率 （3）血压 （4）心血管运动试验 （5）肺功能等
		生化指标： （1）血红蛋白 （2）激素水平 （3）微量元素等

① 欧新明.学前儿童健康教育[M].北京：教育科学出版社，2002.

续表

测试内容	测试目的	具体指标
身体素质和运动能力	了解学前儿童身体素质能力（力量、速度、耐力、灵敏、平衡等）和基本运动能力（坐、走、跑、跳、投、攀爬等）	（1）10米往返跑 （2）20米跑 （3）立定跳远 （4）坐位体前屈 （5）闭眼单独站立 （6）投掷沙包等
心理发展情况	了解学前儿童的感知能力、判断力、个性、智力、情感等	（1）心理健康指标 （2）智力指标
适应能力	了解学前儿童对环境的适应能力以及对疾病的抵抗能力	自然环境适应能力和疾病抵抗力指标： （1）出勤率 （2）预防接种率 （3）发病率等
		社会适应能力指标： （1）自我认识 （2）社会常识 （3）人际交往等

三、学前儿童体质测试方法

（一）身体形态测试方法

1.体重

使用杠杆秤测量学前儿童的体重，受测者穿短裤，站在秤台中央，仪器稳定后读数。单位为千克，保留2位小数。

2.身高

用身高计测量身高，受试者在测量仪器上取立正姿势（0～2岁用卧位测量），足跟并拢，足尖分开。手臂下垂，足跟、骶骨部和肩胛间三点靠在身高尺上，躯干挺直，两眼平视，头正直。将滑板轻压受试者头顶，平视滑板水平位数值。单位为厘米，保留1位小数。

（二）身体机能测试方法

1.安静心率

（1）测试目的

了解学前儿童的心脏发育状况。

（2）测试方法

在受试者睡醒后、起床前测量，用听诊器采取心前区听诊法测量，以10秒钟为单位，使用秒表计时，连续测3次，其中2次心率数相同并与另一次相差不超过1次时，即可读数记录。统计心率时以1分钟计算，单位为次/分。

2.呼吸率

（1）测试目的

了解学前儿童肺脏发育状况。

（2）测试方法

受试者站立，测试者一手轻按受试者上腹部，上腹部一起一伏为呼吸1次，以30秒为单位，连续测3次，其中2次呼吸次数相同时即可记录。使用秒表计时，统计时以1分钟计算，单位为次/分。

3.肺活量（适用于5岁以上的幼儿）

（1）测试目的

了解学前儿童呼吸机能的潜力。

（2）测试方法

使用浮筒式肺活量计，测量前先讲解操作方法，让受试者自己练习，待其掌握基本方法以后再测。测3次，每次间隔30秒，统计时取最大值，单位为毫升。

（三）运动能力测试方法

1.20米跑

选用20米跑这一测试指标是为了了解学前儿童腿部力量、反应速度、爆发力以及身体协调性的发展情况。

（1）测试准备

20米跑道，口哨，秒表。

（2）测试方法

受试者做好站立式起跑的准备，测试者吹哨开始，受试者脚步起动以最快的速度跑完20米。计时员在受试者脚步起动时开始计时，在受试者躯干到达终点时停止计时。以秒为单位，取1位小数。

（3）注意事项

受试者不得抢跑。

2.立定跳远

立定跳远测试有助于了解学前儿童的腿部力量、弹跳力。

（1）测试准备

沙坑（沙土与地面水平），校正好的皮尺。

（2）测试方法

受试者在起跳线后两脚开立，摆臂起动跳向沙坑，测量起跳线前沿至最近脚印后沿的垂直距离，连跳3次，取最佳成绩。以厘米为单位，不记小数。

（3）注意事项

受试者起跳前不得垫步，否则重跳。

3.闭眼单足站立

闭眼单足站立是反映学前儿童平衡力的一项指标，通过这一测试能够了解学前儿童的综合身体素质。

（1）测试准备

秒表。

（2）测定方法

受测者两眼微闭，两手叉腰，习惯脚站立，另一腿屈膝提起，并且小腿靠在站立腿膝关节处。从非支撑脚离地开始计时，脚落地或站立脚移动时计时停止，记录时间，以秒为单位，不计小数。

（3）注意事项

受测者在测试过程中必须闭眼，非支撑腿可以不与支撑腿贴靠，以保持身体平衡。

4.投掷沙包

通过投掷沙包测试能够了解学前儿童的上肢肌肉力量和协调素质。

（1）测试准备

宽4米的投掷区，若干沙包（重量根据受试者年龄决定）。

（2）测试方法

受测者站在投掷线后，一手拿沙包从肩上方投出。记录从沙包落点后沿至投掷线后沿的垂直距离。以厘米为单位，不计小数。投掷3次，取其中最佳成绩。

（3）注意事项

受试者不能助跑、踩线或过线，若沙包落于投掷区外则应重投。

（四）心理测试方法

学前儿童的心理测试相对比较灵活，测试方法也比较多，这里简单分析两种常用方法。

1.入学合格测验

近年来，越来越多的幼儿园对新入学的幼儿进行基本的健康测验，也就是入学合格测验。测验内容涉及幼儿的心理、社会适应、基本发育等多个方面，如幼儿的自我认识、生活常识、手眼协调、语言表达、分析综合能力、基本运动能力以及社会心理等。具体测验方式是围绕这些内容给幼儿设计一些简单明了的题目，让幼儿独立完成，最后评分，便于幼儿园对入学新生的心理健康和社会适应力有基本的了解。

2.自制心理测试量表

可以根据诊断对象的实际情况去制定学前儿童心理健康测评量表。要求从学前儿童的身心发展特点出发设计自制量表的结构框架，测量维度一般从情绪、性格、社会适应、人际交往、品行习惯等方面展开。心理与智能是密切相关的，所以建议将自制心理测试量表和智力测验结合起来测评学前儿童的心理和智能。

（五）社会适应能力测试方法

良好的社会适应能力对学前儿童的健康成长和未来发展具有重要意义。下面主要介绍两种测试方法来了解学前儿童的社会适应力如何。

1.同伴评定法

同伴评定法是让学前儿童评定同伴的被欢迎程度或被拒绝程度。在具体操作时，准备3个盒子，分别贴上快乐的表情图、中性情绪的表情图和悲伤的表情图，这三个表情图依次代表1分，2分，3分，用来表示受试者的同伴关系。准备班级中所有孩子的照片，要求受试者把除了自己以外的所有照片放入相应的盒子中，即把自己最喜欢一起玩的小朋友的照片放到贴着快乐表情图的盒子里，把自己拒绝一块玩的小朋友的照片放入贴着悲伤表情图的盒子里，其他小朋友的照片放入剩下的中性表情图盒子中。

这种测试方法比较省时，通过一名学前儿童的选择可以了解其对班级所有小朋友的态度，从而了解其人际关系。

2.猜人法

猜人法也是一种比较常用的学前儿童社会能力测试方法，这是关于对学前儿童特定行为的评定方法，具体操作时常采用游戏法和口头提问法。以口头提问为例，要根据学前儿童的社会性行为特征来设置问题，如谁最有礼貌？谁最愿意帮助同学？谁最勤劳，自己的事情自己做？谁最大胆回答老师的问题？等等。当众提问猜测时，以正面性质的问题为主，避免用负面性质的问题对学前儿童的自尊心造成损害，对其心理健康产生不良影响。

当教师对学前儿童之间的相互态度、看法、关系等不太容易用直接观察的方式获得了解时，采用便于操作的猜人法往往能够了解到想要了解的东西。在猜人法的实际运用中，因为是在集体环境下进行的，所以有时会有个别幼儿因害羞而不敢举手回答。对于这些幼儿，在集体活动结束后需采用个别交谈的方法来了解其心理状态和社会适应力。

通过以上方法，能够简单了解学前儿童的同伴关系和社会适应能力，分析测量结果后，可以鉴别出在群体环境中适应能力比较强的学生和缺乏一定适应能力的学生，初步判断哪些学前儿童比较孤僻，哪些幼儿攻击性/退缩性过强。对于心理和社会适应方面存在问题和障碍的学前儿童，要及时进行教育和矫正，以促进学前儿童心理健康和社会适应能力的发展。

四、学前儿童体质评价方法

体质测量与体质评价相互联系、密不可分，通过学前儿童体质测定，可以了解其体质现状，在测定的基础上进行评价，能够了解其健康水平，筛查出健康问题。体质评价是指依据体质测试的数据资料，按照可靠的评价标准，采用有效的评价方法对受试者体质优劣作出评定的过程。在学前儿童体质评价中，常用的评价方法有以下几种。

（一）指数评价法

指数评价法是用来了解学前儿童生长发育情况的一种常规评价方法。在评价过程中，利用数学公式，按照身体各部分的比例关系，将两项或两项以上的指标相关联，转化成指数来评价。

采用指数评价法时，要合理选择评价指标，以不同指标各自的权重为依据来综合评价学前儿童的生长发育状况。

适合学前儿童的指数评价法是Kaup指数，又称"身体质量指数"。公式为：$\text{Kaup 指数} = \dfrac{\text{体重（kg）}}{\text{身高}^2\text{（cm}^2\text{）}} \times 10^4$。该指数反映人体的围度、宽度、厚度，以及机体组织的密度，从而说明人体的充实度和营养状况。应用该指标时，要先测量学前儿童的身高与体重，然后按照公式计算，评价标准为：数值大于18为肥胖，18～15为正常，15～13为消瘦，13～10为营养不良。

（二）发育年龄评价法

发育年龄评价法指的是将某些身体形态、身体系统功能、第二性征指标的平均发育水平制成标准年龄，从而对受试者的发育状况作出评价的方法。目前，身高、体重等形态年龄，骨骼年龄，牙齿年龄以及性征年龄是评价中常用的几种发育年龄。

例如，用骨龄来评价学前儿童的发育情况。在骨骼的发育过程中，8块腕骨及桡、尺骨远端，以及掌、指骨的骨骺会有明显的变化。由于对腕部拍摄X线照片比较方便，一张照片可同时对几十块骨进行拍摄，所以在判断骨龄时，主要将腕骨的X线照片作为依据。拍摄X线照片时，先对手腕部进行X线拍摄，而后对比同性别、同年龄的X线标准照片图谱，以对受试者的骨龄进行判断。

以骨龄与实际年龄的差数为根据，可以把生长发育中的儿童分为三种类型，分别是正常型、早熟型和晚熟型。

（1）正常型，骨骼年龄与实际年龄相差小于等于1年。

（2）早熟型，骨骼年龄比实际年龄至少大1年。

（3）晚熟型，骨骼年龄比实际年龄至少小1年。

（三）离差评价法

离差评价法指的是将受试者的发育数值与均值作对比，从而对学前儿童个体的发育状况进行评价的方法。对比受试者发育数值与均值的差异能够帮助我们判断受试者发育正常还是发育迟缓。正常学前儿童的发育指标是呈正态分布的，发育数值和均值的差异大都在1～3个标准差的范围内。

离差评价法常用的指标是身高和体重，它以均值（x）为基准值，标准差（S）为离散值，制定出五等级评价标准表（表1-2）。据此还可以绘制成等级评价图，使用时更加直观、简便。由于离差法评价的作用与百分位数法评价相同，故在实际应用中可以被百分位数标准法所代替。

表1-2　生长发育五级评价标准

等级	离差法		百分位数法	
	范围	占总体百分数（%）	范围	占总体百分数（%）
下等	$< \bar{x} - 2S$	2.3	$< P_3$	3.0
中下等	$\bar{x} - 1S \sim$	13.6	$P_3 \sim$	22.0
中等	$\bar{x} \pm 1S$	68.3	$P_{25} \sim$	50.0
中上等	$\bar{x} + 1S \sim$	13.6	$P_{25} \sim$	22.0
上等	$> \bar{x} + 2S$	3.3	$> P_{97}$	3.0

离差法五等级评价以均值加减一个标准差为中等，均值减一个标准差至2个标准差为中下等，减2个标准差以下为下等，均值加一个标准差至2个标准差为中上等，加2个标准差以上为上等。评价为"中等""中上等""中下等"均为正常范围，评价"上等"要与肥胖相区别，评为"下等"要与遗传性的矮小相区别。这种评价可用于个体检查和集体检查。

总之，在测量学前儿童的体质状况后，必须第一时间予以评定，如此才能彰显体质测评的现实意义和实用价值。而且经过体质测评后，还要根据学前儿童的体质状况、健康问题去制订有效的健康教育措施和矫正方案，从而有效提高学前儿童的体质健康水平。

第二章 学前儿童体育游戏教学的基础理论

　　学前儿童正处于身体发展的萌芽阶段，此时对他们进行健康身体引导非常重要。如果能够帮助幼儿在这个时期树立好体育意识，甚至帮助他们形成终身运动的意识和习惯，以及锻炼他们养成乐观、积极进取的精神和品质，将对他们的成长具有决定性的意义。因此，学前儿童的体育游戏教学意义重大。本章将从学前儿童体育游戏教学的基础理论、学前儿童体育游戏教学的指导思想、学前儿童体育游戏教学的原则和方法、学前儿童体育游戏教学模式、学前儿童体育游戏教学评价以及学前儿童体育游戏教学与德育、美育的结合几方面展开研究。

第一节　学前儿童体育游戏概述

一、学前儿童体育游戏的含义

学前儿童体育游戏，也被称为运动性游戏或活动性游戏，它是根据一定的体育任务设计的，由身体动作、情节、角色和规则组成的一种身体练习活动。

它的形式活泼多样，内容丰富有趣，是对幼儿进行思想教育、愉悦身心、增进健康和促进身体发育的一种重要教育手段。

二、学前儿童体育游戏的特点

（一）锻炼性

体育游戏在参与者进行游戏的过程中始终需要身体做多种动作，不同程度地调动各器官、系统、肌肉、骨骼、关节进行相应的活动，同时也发展了练习者的心理承受力，使身心都得到了锻炼。

（二）趣味性

趣味性是游戏的显著特征，它不仅体现在游戏活动设计本身的趣味性，还表现在游戏活动后产生的运动快感、轻松愉快的心情以及竞赛结果的不确定性等方面，使人乐此不疲。

（三）变通性

体育游戏的活动内容、方法、路线、规则等都可以根据参加者的实际情况进行变通，场地器材也可以根据实际情况进行选用。

（四）综合性

体育游戏具有健身、育德、启智、培养和发展个性品质等多方面的教育作用。

三、学前儿童体育游戏的分类

为了便于我们了解各类体育游戏的结构、特点和规律，有针对性地选用合适的体育游戏，这里将种类繁多的幼儿体育游戏按照不同的方式做出区分和归纳。下面介绍几种主要的分类方法。

（1）按游戏的组织形式分类，有自由活动性游戏和体育教学性游戏。

（2）按游戏活动形式分类，有接力游戏、追逐游戏、争夺游戏、交流游戏等。

（3）按提高身体素质的作用分类，有速度性游存戏、力量性游戏、耐力性游戏、灵敏性游戏等。

（4）按基本动作进行分类，有走步游戏、跑步游戏、跳跃游戏、投掷游戏等。

（5）按运动项目进行分类，有田径游戏、体操游戏、球类游戏、游泳游戏等。

四、国外学前儿童的体育游戏研究

不同国家的学者在对学前儿童的体育游戏的研究过程中，由于文化视角等原因，会存在着一定的差异。比如，英国的大部分学者都普遍认为对学前儿童大小肌群的激发与发展是其学前教育的关键目标。而在美国，学前教师在体育游戏的教学中会有针对性地进行个性化设计与组织，主要目的是改善和培养学前儿童的运动能力和运动习惯。

美国有学者认为，体育游戏应当成为学校教育的一门重要学科，因为孩子的天性就是喜欢玩耍，喜欢嬉戏逗闹，而体育游戏正好可以满足幼儿的这种天性需求。有学者指出，学前儿童相比于大龄儿童来说，他们更愿意重复玩一些之前玩过的、自己喜欢的游戏。学者吉尔默（Gilmore）认为，体育游戏可以激发孩子成长的动力，促进幼儿的成长。

加拿大学者卡贝扎（Cabeza R）认为，一定数量的体育活动可以调节孩子的情绪，而且与动作反应有关的一些活动也可以帮助孩子的智力发展。学者米德尔顿认为，如果不是智力因素引起的，体育游戏可以帮助孩子促进各个方面的发展，促进身心力量的均衡发展，增强自信，培养良好的品格，提高他们抗压的能力。

综上所述，欧美国家的学者对体育游戏的内涵以及其在学前儿童身心发展方面所起到的影响，进行了较为全面的研究。他们更多的是关注对幼儿身体素质的培养，以及对坚毅、勇敢等体育精神的发展和培养。

第二节　学前儿童体育游戏教学的指导思想

一、快乐体育教学思想

（一）学前儿童快乐体育的必要性分析

我国教育改革的核心理念之一就是"以学生为中心"，基于此，在学前儿童教育中，应在充分考虑儿童心理特征以及身体发育的情况下进行体育教学活动的设计，即遵循以人为本的教育理念。将快乐教育理论引入到学前儿童体育教学中，可以有效地激发儿童参与体育运动的积极性，实现体育教学效果的提升，推动儿童身心健康发展。快乐体育理论与学前体育教育融合的关键点在于二者的适配性，即快乐体育能否满足现今我国学前体育教育教学的需求。快乐体育可以加强体育教学的趣味性，符合幼儿的心理特征，有助于儿童运动兴趣的养成。另外，快乐体育也与陶行知所提出的"六大解放"思想相契合，能够充分调动儿童的手脚、视听以及思维等要素，促进其全面发展。

（二）学前儿童快乐体育的运用原则

基于学前儿童的身心发展水平以及儿童体育教学的特点，在引入快乐体育理念指导教学实践的过程中必须遵循一定的原则，具体如下。

1.教育性原则

学前儿童体育游戏教学不仅要注重体育能力的培养，还要关注幼儿的德育、美育等的教育，实现体育和德育的有机融合，这是快乐教育理念实施的精髓。所以，精神培育、兴趣培养以及意志力打造才是学前儿童体育教学的重点。

2.趣味性原则

对于学前儿童而言，兴趣是引导其参与体育活动的重要因素，只有打造具有趣味性的体育教学氛围，才能有效地调动儿童参与体育活动的积极性。因此在实施快乐体育的过程中，一定要在保障知识能力提升、情感意志培育的基础上，尽可能地提高教学内容的趣味性，以契合学前儿童的心理特征，使其在体育活动中获得快乐体验。

3.情境性原则

在幼儿学习成长的过程中，环境发挥着重要的影响作用，最能体现这一点的案例就是"孟母三迁"。因此，在将快乐体育理论引入学前儿童体育教学的过程中，一定要注重良好情境的建构，尽可能地贴近幼儿的生活阅历，使其能够在舒适的环境中自由、愉快地开展活动和探索，进而形成对体育的亲切感和喜爱感。

4.实效性原则

在学前教育阶段，体育教育承担着促进幼儿身心健康发展的重任。因此，在引入快乐体育理论的基础上，需要贯彻学前体育教育的目标，即推动幼儿体育能力发展，塑造儿童参加体育活动的热情，并逐渐形成终身体育的意识。

（三）学前儿童快乐体育的实施策略

1.打造完善的教育环境条件

在学前儿童体育教学中，良好的教育环境是快乐体育实施的前提。因此，幼儿园必须要针对其实施的具体要求打造良好的环境条件。具体可以从两个方面入手，一是构建基础活动环境，包括各类体育活动实施所需要的场地以及其体育器材，以完备的硬件设施为体育教学活动开展提供支撑；二是注重人文文化的融入，即在硬件设施的基础上，通过科学的教学设计将快乐体育与地方性体育项目结合起来，助推地方特色人文文化的弘扬与推广，形成契合快乐体育精神的软环境。

2.注重教育情感的驱动运用

学前教育中快乐教育理论的实施还需要教育情感的科学驱动，简而言之，就是要遵循人本教育的精神，注重对幼儿情感方面的健康引导，激发其对体育活动的热情和积极性。想要达到这一效果，作为引导者的教师群体，应该加强与幼儿的情感交流，建立良好的互动关系，继而通过情感引导，如榜样示范、鼓励称赞等提升幼儿参与体育活动的积极性，从中获得快乐体验。例如，在开展跳绳活动的过程中，教师应该突破传统教学模式的桎梏，最好和幼儿一同进行玩耍，在此过程中潜移默化地将跳绳的技巧传授给幼儿，引导幼儿进行自主模仿和练习。

3.构建多元化的教学内容体系

将快乐体育理论引入学前儿童体育教学中的目的并不仅停留在引导幼儿积极参与体育活动的层面，而是要进一步通过快乐体育助推幼儿能力、意志、情感、兴趣的综合发展，因此应构建更具多元化特征的教学内容。具体来讲，就是要推动体育学科与其他领域的交叉与融合，如借物跑比赛可以将体育与实际生活联系起来，加强学生对生活物品的了解；接力画图活动则可以实现体育与绘画的融合。这种跨学科的教学内容设计方式可以强化幼儿对其他领域知识的理解和应用意识，获得知识结合应用能力的提升。

4.建构激励机制

激励手段的应用不仅可以提高幼儿参与体育活动的热情，还有助于其自信的形成。基于快乐体育的学前儿童体育教学在建构激励机制时，应将口头激励与物质激励结合起来，对幼儿成长发展形成良性引导。例如，在班级内设置光荣榜，根据幼儿的平时表现发放小红花，在学期末根据总分授予表现优秀幼儿以一定的物质奖励，如小玩具、绘本等。但需注意的是，无论选择何种激励手段，都要避免对幼儿造成心理负担，否则将违背快乐体育的本质。

5.强化体育中获得的快乐体验

快乐体育实施的一项基本要求就是要让幼儿在体育活动中获得快乐、愉悦的体验，因此幼儿教师应根据儿童的兴趣爱好将更多具有趣味性的内容融入体育教学中，如模仿自然界小动物的动作等，引入更多具有体育价值的游戏性内容。

二、终身体育教学思想

（一）提高幼儿体育教育意识

制定幼儿体育标准，明确幼儿在学前教育阶段应具有的体育运动能力及水平，建立科学的幼儿体育运动能力评价方法、体系，逐步将幼儿体育考核纳入小学入学考试内容。做好幼儿体育教育与中小学体育教育及评价标准的对接，逐步将幼儿体育教育纳入学生终身体育运动体系，切实提高幼儿体育教育的地位，并推动幼儿家长、教育机构及教师对幼儿体育教育的重视程度。充分发挥公办幼儿园的示范引领作用，评选并建设一批幼儿体育示范园，引导幼儿教育机构管理者及教师，增强幼儿体育教育意识，提高幼儿体育教育能力和水平。完善幼儿教育保险制度，将幼儿体育活动开展纳入保险范畴，提高幼儿园幼儿体育教育风险承受能力，提高幼儿父母科学教育理念，彻底放开幼儿体育教师手脚，为幼儿体育营造良好、宽松的教育环境。

（二）强化幼儿教师体育教育能力培养

加大幼儿体育教育复合型人才培养，改变当前以学前教育专业毕业生为幼儿教育师资主要来源的格局。在体育教育和学前教育专业分别增设幼儿体育教育方向，在体育教育专业人才培养中，适当增加幼儿教育内容，在学前教育专业，进一步强化体育教育内容，实现幼儿教师的综合性培养，拓展幼儿体育教师来源渠道，切实提高幼儿教师体育教育意识和能力。

高校要积极开展学前教育教师的培养、培训，组织幼儿体育教育专项研讨，开展幼儿体育教育内容、方法改革立项研究，强化教师对幼儿体育教育重要性、科学性、规范性的认识，提高教师对幼儿科学运动、娱乐技能的指导和教学水平。

（三）以幼儿兴趣为导向

运动是幼儿的天性，幼儿是自身最好的体育指导教师，幼儿的运动兴趣、环境及内在运动欲望是幼儿体育运动开展的最佳指引。应让幼儿充分释放天性，在充分保障幼儿安全的情况下，充分发挥幼儿的创造性，将简单、传统的运动或游戏形式引入课堂，让幼儿在快乐中运动，在游戏中运动。幼儿教师要充分承担幼儿体育活动引导者、组织者以及安全管理者的责任，要善于总结幼儿感兴趣的体育运动形式，并对运动的科学性和安全性进行评估和预判，必要时要对幼儿体育运动进行干预和改进。要加强幼儿体育教育研讨、交流，不断创新幼儿体育运动形式，切实保证幼儿体育教育的科学性、趣味性和有效性。

（四）强化幼儿体育教育场地、设施建设

严格审核幼儿教育机构开办条件，严格执行国家相关文件对幼儿体育教育设施及空间的建设要求。加强对幼儿教育机构的监管和管理，实施检查、评估制度，动态关注幼儿招生数额，坚决杜绝违规挤占幼儿体育运动空间现

象，切实保证幼儿体育设施和场地达到相关标准。搭建社会监督平台，接受幼儿家长等对幼儿教育机构体育运动设施建设的投诉和意见。加强政府投资，着力开展适合幼儿体育运动开展的公共性体育场所建设。鼓励社会力量开展幼儿体育场所、空间建设投资、资助，切实形成全社会关注、关心、支持幼儿体育教育发展的良好局面。

三、信息化体育教学思想——基于TPACK理论框架的思考

（一）TPACK理论框架

TPACK是Technological Pedagogical Content Knowledge的缩写，即整合技术的学科教学知识，是美国学者科勒（Koehler）和米什拉（Mishra）于2005年在舒尔曼（Shulman）提出的学科教学知识PCK的基础上提出的。2005年开始，国内外学者对TPACK展开了大量的理论和实践研究，大家一致认为对于TPACK的研究将有利于提高教师掌握和运用信息技术的能力。

TPACK理论是一个完整体系，其核心的模块有三个：学科内容知识（CK）、教学知识（PK）、技术知识（TK）。另外还有四个复合要素，即学科教学知识（PCK）、整合技术的学科内容知识（TCK）、整合技术的教学法知识（TPK）、整合技术的学科教学知识（TPACK）。TPACK是整合了三种知识要素以后形成的新知识，涉及的条件、因素较多，且彼此交互作用，教师的TPACK能力是未来教师必备的能力。

（二）TPACK理论在学前儿童体育游戏教学中的应用

TPACK涉及学科内容、教学法和技术等三种知识要素，但并非这三种知识的简单组合或叠加。在学前儿童体育游戏教学中要根据需要适当地将技术融入游戏教学内容与教学方法中，这就意味着对TPACK的学习、应用不

能只是单纯强调技术，应当更多地关注信息技术环境下的信息化教学方法，促进信息化技术与游戏教学的深度融合，提高体育游戏教学的生动性、先进性和教学效率。

（三）TPACK理论框架下学前体育教师信息化教学能力的提升

当前，我国学前体育教师信息技术应用能力不足，表现为信息技术操作能力薄弱、TPACK 水平较低、信息化评价软件使用能力欠缺以及学习发展动力不足等问题。未来教育与信息行业融合是发展趋势，智慧教育、STEM 教育等教育新观念层出不穷，对此，学前体育教师必须改变自己的教育观念，树立信息化教学观念，不断提高自己的信息技术应用能力。在学前体育游戏教学活动中，教师要"以儿童为本"开展活动，将信息技术与教学相整合，提升教学效果，激发幼儿的学习兴趣。此外，教师可以在线选择微课程制作和其他开发数字教育资源等，提升信息技术应用能力，优化体育游戏教学过程，提升教学效果。

学前体育教师要积极参加信息化教学能力培训活动，汲取新的知识，提升信息技术应用能力，并主动参加线上培训课程，如慕课、微课等，通过培训，提高自身技术素养，分享优质资源，并将所学信息化知识与技能运用到体育游戏教学中，使学前体育教育信息化进入一个新的发展阶段。

此外，幼儿园也可以在园区内建设学习平台，让知识有更好的分享途径。TPACK 对教师信息技术应用能力有积极影响，也与情景有密不可分的关系，所以要在园内多开展培训，营造信息技术广泛使用的良好风气。另外也要适时举办教学技术竞赛，把信息技术应用作为衡量教学质量的一个重要指标，并对成绩优秀的教师给予适当奖励。

第三节　学前儿童体育游戏教学的原则与方法

学前儿童是稚嫩可爱的低幼龄儿童，他们跟随教师和其他小伙伴通过做游戏学习新技能、新本领，这无论对于教师还是儿童都是一项极大的挑战。因此，对于学前儿童的体育游戏教学，应采取简单、有效的教学方法，即让小朋友们在安全的氛围下，有信心完成每一个新的游戏和挑战。

一、学前儿童体育游戏教学的原则

（一）日常性原则

日常性原则是指学前体育游戏要以恰当的形式出现，特别是要与幼儿的日常生活环节息息相关。学前儿童在体育游戏活动中，不仅可以发展各种身体素质，而且这些游戏和他们的日常生活有着密切的关系，因此，可以方便幼儿在每日的作息之间进行多次的练习，从而达到巩固并提高的目的。简而言之，日常性原则要求学前儿童的体育游戏应该多从他们的日常生活中采集素材，这样会让幼儿对游戏充满亲近感和熟悉感，从而有利于游戏的进行。

（二）适量性原则

适量性原则是指在幼儿体育游戏活动过程中，应有意识地控制游戏时间、游戏强度和游戏密度。由于幼儿的身心发展尚未成熟，他们的骨骼柔软，肌纤维还很稚嫩，认知能力还非常简单，因此，在选择体育游戏时一定要根据适量性原则进行。过重的力量负荷可能会造成他们的脊柱弯曲、骨盆变形，或者用力过大又容易发生关节脱臼或组织损伤。同时，学前儿童心肺功能差，不能进行持续性较强的活动。所以，一定要在安全的前提下进行体育游戏，在运动负荷上，也要遵循适量性原则，防止过度疲劳或过度兴奋，以免影响身心健康。总之，学前儿童在进行体育游戏时，其形式、内容、频率和负荷强度都要符合适量性原则。在实施过程中要注意如下几点。

1.合理调节负荷节奏

在游戏的认知方法方面，同样也选择难度适当的体育游戏。一般来讲，游戏的前半部分可安排有一定认知难度的内容，比如新的或较难的动作，而后半部分则以难度较小或带有复习性质的内容。这样既保证了幼儿可以经常学习新内容，同时难度又不会过大，减少幼儿的畏难情绪。在情绪负荷方面，则应遵循循序渐进的方式。如果一上来就安排了让幼儿情绪过度兴奋的内容，就会影响他们对新动作的学习和掌握，因此，可以在后半部分适当地让幼儿的情绪释放，尽情玩乐。在意志负荷方面，也应符合幼儿的接受能力，选择他们可以接受的体育游戏，一点点地增加难度。

2.科学安排体育游戏的时间

在组织学前体育游戏的过程中，教师要对游戏的整体时间有合理的把握。教师讲解和示范时间占比要适量，如果时间太短，幼儿还不能完全理解，如果时间太长，孩子的注意力发生疲劳，已经去关注其他的事情了。在游戏的实施阶段，教师也应把握幼儿的精力和体力表现，要在他们感到疲劳之前就结束游戏。同时，学前儿童的体育游戏依赖教师的示范多于讲解，他们需要模仿教师的游戏动作进行练习，因此，教师还应注意语言讲解和身体示范相结合。

3.课前做好准备工作

学前儿童的体育游戏多数时候都会在户外进行。这就需要教师提前对天气情况有所了解，同时还要确保场地和相应设施的完全，这些都需要在课前做好充分的准备工作。此外，教师还要根据季节和气温情况决定体育游戏的运动负荷。比如，在炎热的夏季，如果需要进行户外体育游戏，应选择在清晨或傍晚，并选择活动量小的体育游戏，避开日照强烈的时间段；如果是在寒冷的冬季，可选择在中午左右进行，并适当地增加幼儿的练习密度和运动负荷，但运动强度不应太高。

（三）从实际出发原则

从实际出发原则是指教师在组织体育游戏时，应该根据实际情况灵活地安排，选择对幼儿发展最为有利的体育游戏。比如，按照教案的安排，一节课有一个体育游戏的计划，但是如果幼儿对该游戏都已经非常熟悉，失去新鲜感和热情的话，教师就应根据实际情况迅速做出相应的调整，通过增加或降低难度、改变规则或动作等方式进行相应的创新，选择最能激发幼儿游戏热情的体育游戏进行教学。因为只有儿童能够全情参与，才能获得最好的锻炼效果，才能使幼儿受益，也有利于教学工作的顺利开展。

（四）差异性原则

差异性原则是指教师在组织和实施体育游戏的过程中，要充分考虑幼儿的个体差异。因为在幼儿期，不同个体发育速度存在较大的差异，有的幼儿认知能力发展得较早，有的则发育较晚；有的幼儿语言表达能力发育良好，有的则相对迟缓。总之，教师应重视幼儿的个体差异情况，并根据这些情况提供不同的游戏选择，给予不同的指导，做到因材施教，从而让每一个幼儿都能得到充分的锻炼，接受相对适宜的挑战。这就要求教师要具有丰富的经验，对幼儿的发育规律有一定的了解和掌握，并能够敏锐地观察每个幼儿的表现情况，给出适时的关注和引导。

（五）兴趣原则

在组织学前儿童进行体育游戏时，要格外重视幼儿的兴趣表现。一般而言，幼儿对外界总是充满好奇心，愿意探索一切新奇的事物，兴趣是他们最大的动力。但是每个孩子都具有一定的天性差异，有的幼儿喜欢对抗类的体育游戏，有的幼儿更喜欢合作类的游戏。因此，这就需要教师的协调和引导，尽量让每一个幼儿都能积极参与各个游戏，在发展自己兴趣的同时，也能对其他游戏活动打开好奇心，慢慢地进行探索。只有充分调动他们的积极性和主动性，幼儿才能学得快、记得牢。

二、学前儿童体育游戏教学方法

体育游戏是学前儿童最喜欢的课程之一，但是一堂生动有趣的体育游戏课，需要教师的精彩讲解和示范，在保证幼儿掌握各种动作技能的同时，还能调动他们的学习兴趣，促进其身心和谐发展。因此，科学有效的教学方法必不可少，教师在开展体育教学活动中，根据幼儿体育游戏的特点，选择最合适的教学方法。

（一）讲解法

讲解法是指教师使用各种符合幼儿接受能力的语言，对体育游戏进行讲解，使幼儿能够理解和记住游戏的动作、要领、做法及要求，通过教师的指导，幼儿能够顺利地、完整地完成各项体育游戏。由于幼儿的特殊性，需要在教学实践中注意以下几点。

（1）选择适合幼儿的、简洁、形象、生动的语言进行讲解。

（2）教师在讲解时，应注意语言的语调、节奏、表情和手势等变化，激发幼儿的想象力和兴趣。

（3）讲解应富有启发性，可适当结合提问的方式，启发幼儿积极主动地思考。

（二）示范法

示范法是指教师以正确的动作进行范例，让幼儿对体育游戏能够直观、形象地了解和掌握一种教学方法。由于幼儿思维更多的是形象思维，对逻辑和语言的理解能力还较弱，因此，教师的示范对帮助幼儿掌握游戏具有积极作用。教师在采用示范法时，应注意以下几点：

（1）每次的示范应有明确、具体的目的。考虑到幼儿的接受能力，教师的每一次示范动作，最好只有一个目的，并且通过放慢速度的方式进行，让幼儿能够清晰地看到动作过程和动作要点，方便他们的掌握和记忆。

（2）选择正确的示范面。常用的示范有镜面示范、侧面示范和背面示范。教师在进行动作示范时，应根据动作的最佳观察角度合理选用示范面。简单的对称动作可以采用镜面示范进行；如需改变方向或是路线，则采用背面示范，便于幼儿模仿学习；如需让幼儿看清动作的细节，比如前后摆臂的动作，可以采用侧面示范。示范面的选用也可以结合使用，教师可以根据实际情况灵活掌握。

（三）练习法

教师在讲解和示范之后，就要让幼儿进行模仿和练习了。在教师的指导下，幼儿通过模仿和自己主动思考，进行各种游戏动作的练习。练习法主要是让幼儿亲身体会游戏的过程，通过身体力行，逐渐掌握体育游戏。运用练习法时应注意以下几点：

（1）教师应及时预防与纠正幼儿的错误动作，可在幼儿练习前进行提醒，在练习过程中观察幼儿容易出现的错误动作，分析错误动作产生的原因，有针对性地给予具体的指导和帮助。

（2）遵循循序渐进的原则，合理安排练习与休息的时长，使幼儿情绪饱满地投入到体育活动中。

（3）采取多种游戏形式提高幼儿练习的兴趣和积极性，从而提高其练习效果。

（四）情境创设法

情境创设法是指教师利用一定环境、材料模拟出特定的场景，激发幼儿的想象力，使幼儿产生身临其境的感觉。在运用情境创设法时，教师不仅需要对物质环境、内容创设进行有效设计，同时还需要通过行为、态度及情感等的积极引导，使幼儿沉浸在一个半想象、半真实的虚拟场景中，并能够全情地投入到游戏中来，达到"共情"的效果。

第四节　学前儿童体育游戏教学模式

学前儿童体育游戏教学在幼儿整体教育中占有重要的地位，它对幼儿的身体、认知、兴趣以及德育、智育、美育都将起到重要的启发作用，直接关系着幼儿身心健康的启蒙与建立。因此，对学前儿童体育游戏教学模式的建设应该引起人们足够的重视。要建立起科学、有效、系统的学前儿童体育游戏教学模式，加强对幼儿教育的改革创新，促进当代幼儿体育教学模式的健康发展。对学前体育教学模式应该从多方位进行重构与再造，要引用和借鉴不同教学方法，来对幼儿体育教学的内容进行不断地丰富，以激发幼儿的体育兴趣，全面促进幼儿的身心健康发展。

一、学前儿童体育游戏教学模式的概念

体育教学具有主体性和开放性的特点。学前儿童的体育游戏教学模式，就是在以游戏和"健康第一"的体育教育思想的指导下，按照体育认知规律和技能形成规律的要求，通过一系列游戏情境的改造、设计以及融合，而建

立起来的较为稳定、多维指向的体育教学实践系统。

二、学前儿童体育游戏教学模式的实施方法

（一）情境教学法

幼儿体育游戏的教学模式应该是重情景、轻逻辑，重参与、轻讲解的教学方式。由于幼儿的好动、注意力资源有限，因此学前儿童的体育游戏教学，应该以促进幼儿积极行动为主，教师的讲解为辅，可以让幼儿在游戏中自己摸索诀窍，从而赢得游戏。

学前儿童的体育游戏教学具有多重目的和作用，游戏是达成这些目的的一个有效途径。通过体育游戏，首先可以促进幼儿的身体机能得到全面的锻炼和发展；其次，可以发展幼儿的思维和想象力，促进认知能力的发展；再次，可以帮助幼儿树立基本的规则意识，以及发展与人合作能力、竞争力；等等。

情景教学法不仅能够给幼儿带来新鲜感和刺激感，还能让幼儿对教师产生更强的认同感和亲近感，给予幼儿更多的心灵空间，可以让幼儿在特定的学习情境之下，更好地发挥自己的运动潜能，并且以朋友的身份与教师之间完成交流和互动，能有效增加师生之间的情感。

总之，通过情景教学法，可以很好地促进以上这些教学目的的实现，促进幼儿的全方面成长。

（二）分层教学法

在幼儿体育游戏的教学过程中，教师要注意知识和技能的分层教学，即体育游戏为表，理论知识为里，表里结合，使教学层次更加丰富。学前儿童的理解能力有局限，需要将知识和道理融入游戏和活动中进行教学，而学前儿童的体育游戏教学能够很好地体现分层教学法。分层教学法是指在设计

教学内容和方法时，通过寓教于乐，将知识深入浅出地融汇到体育游戏之中，通过一环接一环，由简到难的层层游戏设计，使幼儿在玩耍和游戏的过程中，不仅始终保持游戏的新鲜感和趣味性，还循序渐进地学会一些运动技巧，从中掌握一定的规范和知识。

作为学前教师，他们和小学、中学的教师相比，要肩负更多的职责。不仅要教授幼儿一些基本的活动和游戏技能，还要兼顾每个幼儿的个性、情绪、语言表达能力和认知接受能力，要全面地分析每个幼儿的特征，要根据每个幼儿的不同特点来对幼儿体育游戏内容和方式进行创新，这样才能充分照顾到每个幼儿的个性发展，为幼儿身心素质的发展保驾护航。

（三）多媒体教学法

当代社会，多媒体教学法已经渗透到教育的各个领域，其中也包括学前教育。对于认知能力和思考能力尚在发育期的学前儿童，多媒体教学是非常有利的和必要的。多媒体教学法具有丰富的视听素材，可以帮助幼儿更快、更准确地理解教学内容。对于体育游戏来说，有很多形象的多媒体教学手段，能够更加生动地传授游戏经验，这非常符合幼儿的接受能力。儿童的思维是形象的、跳跃的，他们更容易接受直观、形象的信息。而且，通过卡通或者逼真的声音模拟、视觉模拟，也能够充分调动幼儿的兴奋度和好奇心，从而帮助他们很快地投入到游戏中去。

在多媒体设备的帮助下，教师可以将单调、难以用语言生动表达的内容转化成为幼儿喜欢的动画形式。在声音、画面全方位包围的情境下，幼儿可以更好地集中注意力，思考和记忆体育教学的内容。

第五节 学前儿童体育游戏教学评价

一般的，评价可以分为诊断性评价、形成性评价和终结性评价三种。诊断性评价可以很好地了解幼儿的基础情况，这是制订教学目标和教学计划的有力依据；形成性评价在于对教学成效的考察，目的是让日后的教学实践能够更加完善，得到不断的优化和提高；终结性评价主要用于检查、核实该教学设计的特点与效益，为进一步改进、提高和发展提供依据。

学前儿童体育游戏评价又可以分为对幼儿身心发展的阶段性评价，和对某一次游戏的评价，例如游戏后的小结。不论哪种类型的评价，都要以教学目标和实施效果为依据。同时，还要对学前体育游戏的总目标为背景，制定总体的评价体系和评价方案。

一、学前儿童体育游戏教学的评价内容

（一）体育游戏的合理性

首先需要评价的就是学前儿童体育游戏的合理性，包括这些游戏是否符合幼儿的年龄特点、身体发展情况，以及是否符合幼儿的兴趣、是否能满足幼儿的生长发育需要。游戏的运动量和负荷情况要科学，负荷过大有可能会带来幼儿身体的疲劳或受伤，负荷过小又不能达到发展和锻炼的目的。

（二）体育游戏的丰富性

学前儿童的年龄特点就决定了他们注意力不容易集中，常常会忘记规则，总是对新鲜事物充满好奇心，自律能力较差。因此，为了能够更好地实现体育游戏的效果，需要考核和评价游戏的丰富性情况。只有游戏足够丰富、有趣，才能够吸引幼儿的注意力，使其保持专注。另外，具有丰富情节和内容的游戏，也能适应幼儿想象力丰富的特点，可以很好地激发他们运用想象力丰富游戏的场景，使游戏更有趣。

（三）体育教师的胜任度

体育教师是学前儿童体育教学的关键，教师的执教能力、对幼儿的组织能力、观察能力以及管理能力，都是决定体育游戏教学质量的关键因素。幼儿教师不仅要具有扎实的教育学基础，同时还要具有丰富的经验，包括对幼儿发展规律的掌握，熟悉幼儿的普遍情感诉求，以及懂得如何更有效地传达知识和技能、如何跟这些认知能力和表达能力还比较欠缺的小朋友有效地沟通和交流等，这些都将决定了学前体育游戏教学的实施情况。

二、学前儿童体育游戏教学的评价方法

（一）观察评价法

观察法是非常重要的一类检测和评价方法，它既可以全面评价一次游戏的质量和效果，也可以就某一游戏的某一方面进行评价，因此，观察评价法是一种实用性强的评价手段。例如，通过观察评价法既可以评价幼儿在游戏活动中的情绪、情感表现和积极参与的程度，也可以评价幼儿在游戏活动中与其他小朋友的互动情况，是积极社交寻求伙伴的帮助，还是更喜欢独自完成任务，从而可以评价一个小朋友趋于内向型性格，还是外向型性格，还可以观察幼儿对游戏的强度负荷是否适宜，等等。这种观察评价，可以采用随机选择某一名幼儿作为观察对象，随时记录该幼儿在游戏中的表现，以便活动后进行分析。需要注意的是，在观察中不要妨碍幼儿的正常游戏进程，也不要因为观察的需要而改变游戏的设定。总之，要确保观察的客观性、可靠性和真实性。在运用观察法进行评价时，应考虑以下几方面因素。

1.目标实施情况

不同形式的体育游戏，有着不同的目标侧重。因此，在分析评价每一次体育活动时，首先要思考的是这一次的活动目标是否全部实现，每一项目标达成的情况是否理想，并分析相应的原因。

2.幼儿参与情况

在体育游戏的实施过程中，要观察是否全体幼儿都踊跃地参加，从中体会到乐趣，并想要一直把游戏进行下去，还是有些幼儿不愿意参加游戏，表现出退缩、独自玩耍的情况。如果有这些情况的话，教师需要特别留意观察，分析他们不远愿意参与游戏的原因是什么，如果解除了障碍，他们是否也能够心无旁骛地投入游戏。教师还要观察幼儿在进行该游戏时是轻松胜任并精神兴奋，还是略有难度而略感担心，这些都是评价教学内容和游戏选择是否恰当的重要参考依据。

3.能力发展情况

通过一系列的体育游戏，幼儿是否学会了新的技能，是否能够更有胜任力，更有自信心。同时，学前儿童的体育游戏还有重要的发展幼儿身体素质的功能，因此，还需要观察通过游戏活动的锻炼，幼儿掌握动作的质量好坏、程度如何，动作姿势是否正确、动作技能是否有提高。幼儿是否在力量、平衡、协调等方面表现更好，应变能力和自我保护能力是否也得到提高。或者是否小朋友们的性格变得更加开朗，更能够融入集体活动，和其他小朋友的互动更加频繁，能够更加专心地做游戏或者做其他活动，等等。

4.在游戏中的表现

教师一般根据观察幼儿在游戏中的精神状况和完成动作的情况来判断活动量的大小。如果幼儿面部发红、发白、汗流满面、气喘吁吁、反应迟钝、消沉等，就都说明幼儿已经疲劳了。另外，在参加一项新游戏，或者略具难度的游戏时，还要观察幼儿是否有畏难情绪，是否勇敢、坚强、自信、乐于挑战困难；是否能自觉游戏规则，即使自己处于劣势或者输了，也不会气急败坏或者破坏游戏规则；还要观察幼儿在游戏中的空间感知能力和定位能力；观察幼儿是否有探索精神和创新意识；观察他们能否与人合作、团结互助，遇到困难时是退却哭闹，还是努力克服，在其他小朋友遇到困难时，是否能够主动帮忙，热心解围，以及观察幼儿的他人意识、群体意识和集体意识；等等。

（二）测量评价法

和观察评价法相对应的是测量评价法。测量评价法是通过具体的数据进行分析的一种方法。比如，在游戏活动中或游戏之后，通过测量幼儿实际游戏时间与该次活动总时间的比例，从而获得一个准确的评价依据。在每次游戏中，只有练习密度合理、运动负荷适宜，才能收到最佳效果。如果练习密度及运动负荷安排不合理，就达不到活动效果，甚至还会由于负荷量过度，影响幼儿身体的正常发育，损害身体健康。因此，每次游戏时，教师要根据幼儿的年龄特点和实际技能水平，以及游戏的目标难度，合理地确定和安排游戏，从而有效地控制运动量。为了科学地评价幼儿体育游戏的健身效果，可以进行练习密度和运动负荷量的测定，具体的测定方法如下。

（1）一般采用秒表计时。在幼儿开始进行游戏之时，教师就启动秒表，游戏动作结束时，立即停表。即可准确测量幼儿的可持续运动的时间。

（2）将每次游戏时间累积相加，计算一天、一周和一个月内，小朋友的游戏练习总时间。再根据游戏总时间，计算出游戏练习所占幼儿日常学生生活时间的比例，从而分析出游戏练习的密度是否适当和合理，为进一步的改进和提高体育游戏教学安排提供依据。

（3）通过测量幼儿的脉搏可以判断运动负荷是否合理。测量脉搏时，用手指轻轻托住幼儿的腕关节，把食指和中指放在幼儿腕部皮肤的横纹下偏拇指侧部位，这时即可感受到动脉搏动的冲击感，数每分钟脉搏跳动的次数。正常的脉搏跳动，节律整齐，力量均匀，手指有弹性感。不同年龄幼儿安静状态脉搏正常值为，1～2岁：110～120次/分钟；3～4岁：100～110次；5～7岁：90～100次/分钟。幼儿运动时的脉搏正常值：140～150次/分钟。幼儿运动后的脉搏正常值若为150～180次/分钟，说明运动量和负荷合理。若高于180次/分钟，就说明运动量过大，需要及时休息，下一次游戏时要适当减少运动负荷。

第六节　学前儿童体育游戏教学与德育、美育的结合

学前儿童的体育游戏教学其实还与德育和美育具有密切联系。在学前教育阶段，所有的教学设计和安排都是为了幼儿日后顺利进入小学，开展更广泛的学习和生活活动做准备。学前儿童的体育游戏教学，实际上是学前教学中非常重要的一部分，它承担着丰富的内涵和教育价值，除了发展幼儿的身体素质和运动技能这些根本的教学目的之外，还肩负着对学前儿童进行德育和美育的重要使命。在德智体美劳全面培养人才的视域下，学前儿童的体育游戏教学也应该加强对学前儿童德育和智育的研究工作。

一、学前儿童体育游戏教学与德育的结合

学前儿童的体育游戏，内容丰富，形式生动，因此具有强大的知识载体功能。而且，体育活动本身就与道德品质和审美情趣一脉相承。比如，体育

运动讲究公平竞争和努力拼搏进取的精神，这在学前儿童体育游戏中也很好地被体现出来。通过参加体育游戏，教师可适时地引导小朋友公平竞争的体育意识，要尊敬自己的队友和对手，要用自己的努力和实力战胜对手。在集体对抗性游戏中，还可以培养幼儿的团队协作精神、集体精神和奉献精神等。这些看似简单的体育游戏，其实可以在多方面锻炼幼儿的精神品质。

（一）关于儿童的德育研究

无论在哪个国家，哪个民族，或者在哪个时代，人们对于正义、善良和正直的追求都是相同的。因此，德育与其他领域相结合是值得学者们深入研究的。在大多数国家，学前儿童一般是指6岁之前的幼儿。他们喜欢游戏，好动，充满好奇心，也喜欢进行各种体育活动，因此，体育在很大程度上领导和促进了学前儿童的教育发展。德育在学前儿童教育中的作用已在许多国家的幼儿园中得到重视，并且德育已被纳入学前儿童的基础教学中。

我国最早对德育开展研究是在1906年，王国维在《世界教育》一书中首次出现"道德教育"一词。他提出德育这一概念主要是指，要对学生进行整体的德育、美育和体育的教育。然而，对于德育的定义，学界还有一些不同意见和见解，不同的学者有不同侧重点，并且在不同的角度上有一定的合理性。但整体而言，中国早期的德育研究侧重于收藏和分类，而当代的德育研究则侧重于如何更好地继承和发掘德育的教育价值。

（二）学前儿童体育游戏教学的德育价值

将德育纳入学前儿童的体育游戏，可以有助于发挥德育在体育游戏中的直接和间接作用。幼儿在教师的指导下玩游戏时，增加德育的内容，可谓一举两得，既能促进幼儿更好地完成游戏与竞争，还能在不知不觉中培养幼儿的德育发展。

1.提高学前儿童的纪律规则信念

学前儿童的体育游戏，是在体育的基础上研发和设计出来的一种适合学前儿童的体育活动项目。凡是运动必然包含着竞争，也必定带来一定的身体对抗，这一过程中就有可能引起碰撞或者冲突，甚至受伤。因此，在游戏设计时，为了安全地开展体育游戏，一定要给学前儿童说明规则，并且告诉他们遵守规则的重要性。遵守规则成为体育游戏的前提条件，这在无形中给幼儿内置了一个行为规范的道德信念。要将德育融入学前儿童体育游戏中，让儿童知道规则的重要性，并且要遵守游戏规则，并逐渐内化为自己的行为指导。

2.培养学前儿童的意志力

体育游戏有一定的挑战，需要幼儿通过或跑或跳的方式赢得游戏。对于学前儿童而言，这是一个之前不曾遇到的挑战，需要他们鼓足勇气勇敢接受，并全力以赴战胜困难。在参与体育游戏的过程中，尽管刚开始的时候所有人都热情高涨，但随着游戏的进行，困难也会越来越突出，需要幼儿不断战胜自己的恐惧。在这个过程中有的幼儿会产生放弃的想法，但是看到其他小朋友都还在坚持，他们也会鼓励自己加强意志力，和其他小朋友一比高低。于是，参与体育游戏的过程，也是磨炼幼儿意志力的过程。

在激发学前儿童各项能力的方法中，体育游戏可凭借其轻松愉悦的模式让幼儿更好地参与其中。由于他们的全情投入，因此对游戏过程中的体验会格外深刻，如果能够加入德育的内容，则会使德育教育水到渠成。学前儿童的年龄较小，说教能起到的作用是十分有限，因为很多道理实际上超出了他们的理解能力。所以，把德育和体育游戏相结合，可以促进学前儿童德育教育、身体素质、心理和知识等各方面的全面发展。

二、学前儿童体育游戏教学与美育的结合

美育在我国的教育理念中占有一定的重要位置，在德智体美劳全面发展的教育视域下，美育也越来越多地受到教育界的重视。就学前儿童而言，他们对美的认识是与生俱来的，孩子对健康、善良、纯真天然地具有亲和力和

鉴别能力。实际上，对学前儿童的美育，首先要做的是不破坏孩子追求美、鉴别美的天性，同时，通过体育游戏的锻炼，培养他们对运动之美、力量之美、形态之美有进一步的认识。

（一）培养学前儿童感受美的能力

教师在指导幼儿参加体育活动的过程中，自己的仪容仪表要美、教态要美、动作要美，同时，也要运用场地器械、玩具的布置美和利用自然环境的美进行美育。学前儿童正处在长知识时期，模仿性和求知欲强，具有好问、好奇、好动的特点。这样教师自身的言行就成为审美的对象。与其他活动相比，体育活动榜样的影响更加突出。

（二）培养学前儿童表现美的能力

（1）在体育游戏中，在教师指导下，鼓励幼儿用正确的、标准的动作塑造自己的动作和习惯。

（2）通过体育游戏，引导幼儿从走路、跑步、跳跃、投掷等动作开始，追求一种健康的、充满生命力的美感。

（3）教师不仅要帮助幼儿学会分辨哪些动作是优雅的、优美的，还要教给他们如何做到优雅和优美。

第三章　学前儿童体育游戏教学设计

在学前儿童体育游戏教学中，必须以学前儿童的身心特点和发展规律为依据选择游戏内容，并结合学前儿童的实际情况和发展需要来设计丰富多彩的体育游戏，同时在游戏化教学组织实施中还要设计好每个环节，充分调动学前儿童的兴趣和积极性，在现实教学条件下尽可能提高游戏化教学的效率和效果，使学前儿童受益。本章对学前儿童体育游戏教学设计进行研究，内容包括学前儿童体育游戏的选择、创编以及体育游戏教学活动设计，从而为学前体育教育者开展学前儿童体育游戏教学工作提供指导。

第一节 学前儿童体育游戏的选择

一、学前儿童体育游戏选择的原则

在学前儿童体育游戏教学中，选择游戏素材和内容是非常重要的一环。在这个环节要遵循下列几项基本原则，以提高体育游戏选择的科学性、合理性以及运用的实效性。

（一）适切性原则

适切性原则指的是要贴合学前儿童的年龄特征来选择恰当的体育游戏。不同成长阶段的学前儿童身心特点是有差异的，而身体活动能力的差异也决定了他们能够完成的动作是不同的。只有选择适合教学对象年龄特征的游戏内容，才具备使学前儿童参与游戏的前提条件。因此，在选择体育游戏时，要思考学前儿童是否可以独立完成或者在同伴、家长、教师的帮助下顺利完成。首先要确保其可以完成，然后再设计游戏情节、玩法和规则，否则再好的设计也没有实际意义。

例如，某个学前儿童还不会原地拍球，这种情况下如果选择拍球接力的游戏，则会给学前儿童参与游戏造成阻碍，引发其抗拒心理，即使尝试了，也很难成功，这会使其产生挫败感和强烈的抵触情绪。

一般来说，要根据某个年龄段学前儿童的普遍水平来选择游戏动作，同时也要考虑个别情况，尽可能使所有儿童都能参与适合自己的体育游戏，培养运动兴趣。

（二）主动性原则

主动性原则是指选择那些能够满足学前儿童兴趣爱好和发展需要的体育游戏，从而激发他们的参与动机，使其积极主动地参与游戏，从中获得良好的体验。内在动机是学前儿童参与体育游戏活动的根本动力和显性条件。如果学前儿童对所选体育游戏没有兴趣，参与动机很低，那么体育游戏的育人效果就会大打折扣。

为了提高学前儿童在体育游戏教学中的参与度，需要在游戏选择中注意以下几个要点。

（1）选择互动性强的游戏。

（2）选择与学前儿童既有经验关联度大的游戏。

（3）选择具有创新性的游戏。

（4）选择能够突显学前儿童自身能力的游戏。

（三）经济性原则

经济性原则是指在体育游戏选择中要用最小的成本达到最高的效率，实现游戏教学目标。概括而言，就是要求体育游戏及游戏教学方法选用得当，既能使学前儿童稳固动作基础，又能使其省时省力地完成游戏任务，达到游戏目标。

（四）发展性原则

学前儿童处于生长发育阶段，人的很多素质都应该从学前儿童时期就开始培养。因此，为促进学前儿童健康成长和素质发展，有必要采用体育游戏的方式进行具有目的性的教育。

学前儿童体育游戏是学前儿童体育教育的一种常见方法，属于教育性游戏，游戏活动目标应该具有教育的性质，而不是单纯追求娱乐。这就要求在学前儿童体育游戏的选择中贯彻发展性原则，从学前儿童的生长发育规律、动作能力出发选择能够引导其向前发展的体育游戏，促进其身体活动能力的发展和身心健康发育。

在学前儿童体育游戏教学中，要贯彻循序渐进原则，所选游戏的难度应慢慢增加，从而逐步引导学前儿童成长，切忌拔苗助长、急功近利，否则会造成严重的后果。

二、学前儿童体育游戏设计中动作元素的选择方法

在学前儿童体育游戏设计中，动作元素是否合理直接影响游戏质量和游戏的组织实施效果，因此在游戏设计环节必须把好动作元素选择这一关。学前儿童需要掌握一些基本的动作技能，借助体育游戏教育可以达到这一目的，但在游戏教育中要注意"去小学化"，不能用小学生体育游戏教育的标准去要求学前儿童。要避免游戏内容的单一枯燥，要让学前儿童"玩中学"，从而达到寓教于乐的目的。

通常，学前儿童体育游戏设计中关于动作元素的选择主要采用以下几种方法。

（一）组合法

组合法是体育游戏设计中改变动作元素难度的一种方式，是结合不同的动作以产生新的动作形态，从而使动作难度、动作水平得到提升的方法。例如，推球跑游戏中就融合了推球和跑两个动作。其中，推球属于操控类动作，跑属于移动类动作，它们是两个不同类别的动作。而且推球主要锻炼上肢，跑主要锻炼下肢，将这两个动作元素结合起来，有利于培养学前儿童的上下肢协调能力、移动能力以及操控事物的能力。

（二）变相法

变相法指的是在动作性质保持不变的情况下，借助外部因素的影响与作

用使动作外部形态发生改变的一种方法。变相法在具体运用中有以下几种变化方式。

第一，变化空间位置，如低位（全蹲走）、中位（半蹲走）和高位（直立行走）。

第二，变化动作幅度，如手臂划大圈、划小圈。

第三，变化动作途径，如直线走、曲线走。

第四，变化速度，如加速、减速。

第五，变化方位，如上下、左右、前后。

第六，变化身体关系，如对称、不对称。

第七，变化力量，如徒手、负重。

（三）协同法

协同法指的是要通过同伴之间的合作才能完成的动作元素。学前儿童体育游戏中有大量团体类、集体协作类游戏，组织方法主要是集体教学法，这是锻炼与培养学前儿童竞争与合作意识以及团结伙伴、乐于助人等优良品质的良好机会。学前儿童参加集体类游戏，要学会与同伴配合，共同完成游戏任务。与小朋友一起游戏也能提高学前儿童参与体育游戏活动的积极性，活跃游戏氛围，给游戏者带来愉快的体验。

三、提高学前儿童体育游戏选用效率和质量的策略

选择什么样的体育游戏，如何实施选中的游戏，将直接决定体育游戏教学质量。为提高体育游戏选用的科学性和实效性，保证体育游戏教学质量，必须学会创新，具体包括思路创新、方法创新、形式创新。

（一）思路创新

在学前体育教育中选用游戏教学法时，要注重思路创新，以创新求发展，用创新来提高游戏教学质量。教师主动转变观念，拓展思路，有助于优化体育游戏的应用效果。

学前教师应积极转变传统教育观念，将游戏教学法引进体育教学中，选择丰富的体育游戏来调动幼儿的参与积极性。如果教师在体育教育中一味用集体做操的方式去带领孩子们活动身体，时间久了就容易使幼儿失去参与的兴趣和积极性，进而影响学前体育教育质量，也影响学前儿童的身心发育和体质健康。

在思路创新中，要求从学前儿童发展的要求出发选择体育游戏，尤其是学前儿童喜闻乐见的民间游戏，使儿童在游戏中受到教育，以游戏促进其健康成长。

（二）方法创新

在选用体育游戏，尤其是民间游戏时，要学会从方法上进行创新，使游戏更有趣、更有教育意义。在方法创新中要善于利用现代信息技术的成果，从而拓展体育游戏教学的发展空间。

一方面，学前体育教师应将信息技术运用到体育游戏教学方式的设计中，实现游戏教学法的创新，如运用多媒体手段介绍游戏内容，使体育游戏更加生动、有趣，为学前儿童了解体育游戏知识提供便利。

另一方面，教师应基于现有游戏而创造新的游戏玩法，将现代化因素融入传统游戏中，以丰富游戏玩法，增加游戏的趣味性，更好地发挥民间游戏的教育意义，促进学前儿童身心健康、快乐成长。

（三）形式创新

在学前体育教育中选用游戏教法，还应该强调形式上的创新。体育游戏本身就具有丰富的内涵和多样化的形式，发挥这一优势，进一步加强游戏形式的创新，能够取得更好的游戏教学效果。

在形式创新中，要对游戏教学环节认真进行设计，丰富游戏组织形式和参与方式，在游戏中向学前儿童渗透体育精神，如顽强拼搏、坚持不懈、勇敢果断。

在体育游戏形式创新的过程中，教师还需要充分了解学前儿童的生活，了解他们的兴趣爱好，从日常生活中收集资料和游戏素材，从而创新游戏教学形式，使学前儿童在自己熟悉的游戏中获得快乐，真正做到寓教于乐。

第二节　学前儿童体育游戏的创编

一、学前儿童体育游戏的创编原则

在学前儿童体育游戏的创编与运用实践中，人们逐渐总结出了一些具有科学性、概括归纳性、理论指导性的准则，也就是体育游戏的创编原则。在贯彻这些原则的前提下创编学前儿童体育游戏，能够使体育游戏更加科学、有效，从而提高体育游戏教学的效果。

下面具体分析在学前儿童体育游戏的科学创编中应遵循与贯彻的几项基本原则。

（一）安全性原则

在学前体育教育中采用体育游戏教学法，根本目的是促进学前儿童身心发展和健康成长，所以"安全第一"是体育游戏创编的重要理念，是游戏创编的首要原则。学前儿童的注意力集中的时间比较短，身体活动能力较弱，所以在游戏活动中必须格外注意安全，否则一不小心就会发生意外。

在学前儿童体育游戏创编中贯彻安全性原则，要求对游戏主体的身心特点有所了解，从年龄特征出发对游戏的活动范围加以控制，从而提升游戏的安全系数。此外，在器械类游戏创编中，要选择一些安全性能高、便于游戏主体控制的小器械，不要选择尖锐、笨重的器械。需要注意的是，不能一味强调安全而忽视了游戏规则，应在规则范围内保证安全，这样既能保障幼儿的安全，又能培养其遵守规则的意识。

（二）锻炼性原则

体育游戏具有锻炼性，这是其最根本的特征。在体育游戏编排中贯彻锻炼性原则，要求以学前儿童的运动能力为依据合理安排活动方式、动作难度以及运动负荷量。学前儿童身体发育尚不成熟，各方面的能力都有待发展和完善，因此不宜参加大负荷运动。面向这类特殊群体而创编的体育游戏应满足规则简单、活动方式灵活、难度适宜以及运动量较小的要求，而且每个游戏用时不宜过长，不需要思考太多就能完成。

随着学前儿童年龄的增长和身体活动能力的发展，游戏难度可以循序渐进地增加。难度适中的体育游戏可以促进幼儿基本活动能力的提高和身体素质的发展。

贯彻锻炼性原则来创编学前体育游戏，要选择具有锻炼价值的游戏素材，建议如下。

1.以人体基本动作为素材

以人体基本动作为素材创编趣味性的体育游戏，既能培养学前儿童的基本活动能力，又能促进身心健康，还可以为其参与体育运动、学习运动技术打好基础。

2.以身体素质练习为素材

单纯的身体素质练习比较枯燥，很多学前儿童一般都不愿意练，如果将身体素质练习作为游戏素材而创编出热闹的游戏活动，使学前儿童在良好的气氛中做练习，则能够有效锻炼身体、提高身体素质。

（三）趣味性原则

体育游戏既属于体育的范畴，也属于游戏的范畴，体育与游戏本身就是密不可分的，因而体育游戏既具有体育的锻炼性，也具有游戏的趣味性。只有有趣的体育游戏才能吸引学前儿童的注意力，激发其参与的动机和兴趣。贯彻趣味性创编原则，要求在游戏情节、动作方法上精心设计。而且面向不同年龄段的学前儿童创编游戏时，要求对各个环节的把控各有侧重。

例如，面向托班、小班的幼儿设计体育游戏，要在动作方式上下功夫，设计一些模仿动物或其他事物的基础动作，这比较符合幼儿爱模仿的特征。面向中班、大班的幼儿设计体育游戏，要从游戏情节上下功夫，从幼儿熟悉的童话故事、动画片中寻找设计灵感，游戏中可以运用一些简单的器械，动作方式比小班稍复杂，以此来吸引幼儿的注意力。

（四）教育性原则

在学前体育教育中，体育游戏是非常重要的教育内容和教育方式。体育游戏教学肩负着重要的教育使命，即增强幼儿体质，全面促进幼儿身心发展和社会适应力的提高。学前儿童体育游戏的教育性主要从游戏的内容和组织实施中体现出来，遵循教育性原则要求在游戏创编中主动思考通过什么样的游戏能够培养学前儿童的智慧、勇敢品质、规则意识、团结意识、合作能力。要将具有教育意义的元素融入游戏中，潜移默化地促进幼儿健康成长和各方面能力的发展。

（五）针对性原则

学前儿童体育游戏的组织实施是为了达到一定的教育目的。预期教育效果和教育目标能否达成，与体育游戏是否具有针对性有直接的关系。因此，在体育游戏设计中要贯彻针对性原则，从学前儿童各方面的实际情况出发，有针对性地设计能够促进学前儿童身心健康、能力发展的体育游戏，从而在现有条件下有序组织实施体育游戏活动，达到良好的游戏教育目标。

不同年龄的学前身心特征有一定的差异，针对各个年龄段幼儿的实际情况，有区别地设计不同难度的体育游戏，能够提升游戏教学的科学性和实效性。

此外，在体育游戏创编中还要紧密结合学前体育教育的目标、任务进行有目的性的创编，并以诱导性游戏为主，这类游戏难度较低，接近教材要求，也有助于发挥学前儿童的模仿能力，使其对基本动作有更好的掌握。

二、学前儿童体育游戏的创编方法

体育游戏创编方法丰富多样，下面具体分析三种适用于学前儿童体育游戏创编的方法。

（一）变化法

变化法是学前儿童体育游戏创编中经常采用的一种方法，通过变化来增加体育游戏的趣味性和创新性。变化法的具体运用方式如下。

1.改变动作

学前儿童注意力持续集中的时间比较短，在复杂的环境中更容易被外界刺激吸引，分散注意力，这是他们对常规性动作兴趣低下、对参与传统体育游戏不够积极的主要原因。而要激发学前儿童主动参与的动机和自主参与的积极性，就要尝试在体育游戏中加入新鲜元素，用新颖的因素去刺激学前儿童大脑皮层的兴奋。改变单一的、传统的游戏动作方式可以达到创新游戏教学方法、增加游戏趣味性、提高学前儿童参与积极性的效果。

2.改变游戏规则

游戏规则是体育游戏的重要组成部分之一。制定游戏规则是体育游戏设计的重要环节，并且，明确、合理的游戏规则能够保障体育游戏的顺利开展。规则的约束性本身就增加了游戏的趣味性。体育游戏本身充满各种不确定因素，因而体育游戏规则也是灵活的，不是不可改变的。在体育游戏教学中可以根据实际需要而灵活改变规则，使游戏规则与学前儿童的能力水平相适应，确保游戏主体在自身的能力范围内能够顺利完成游戏任务，而且不会违背游戏规则。

以幼儿非常熟悉的一个游戏——"老狼老狼几点了"为例，为提高游戏的趣味性和普遍适用性，可对游戏规则作如下修改：

第一，将向前走改为绕圈走。圆形不受场地大小限制，没有起点、终点，而且有利于观察每位游戏参与者的表现。

第二，把跑的动作改为蹲。这比较适用于小班幼儿。鉴于小班幼儿躲闪以及追逐跑的能力比较欠缺，跑时容易碰撞、摔倒，建议将跑的动作改为蹲，以保护幼儿的安全。

其实有很多类似的传统体育游戏都可以通过改变规则来增加其趣味性和适用性，充分发挥这些游戏对学前儿童的积极作用。

此外，不同年龄段的学前儿童适合参与的体育游戏虽然不同，但通过改变游戏规则，可以使某一游戏在不同年龄的幼儿中都适合开展。比如，大班的体育游戏，通过降低规则限制的范围和程度，就比较适合小班幼儿参与，同样，小班的体育游戏，通过增加难度，提高要求，使规则复杂化，就能在大班开展了。

（二）提炼法

体育游戏的提炼创编法指的是以去粗取精的方式对大家喜闻乐见的地域性游戏、民族性游戏、民间游戏、乡土游戏等进行提炼，从而创编出新的、适合学前儿童参与的体育游戏。

学前体育游戏创编者要善于从民间资源、环境资源中提炼素材、创编游戏，分析如下。

1.民间资源

民间游戏素材非常丰富，对这类素材进行深入挖掘，能够使体育游戏活动内容更加丰富。对丰富的民间游戏进行收集、整理，从学前儿童的年龄特征出发来拓展和改造这些民间游戏，不断创新，这样"老"的东西也能给人耳目一新的感觉。

例如，皮筋项目是流行了很久的一项民间游戏，它具有自主性、合作性，动作丰富，玩法多样，至今仍然很流行。可以将皮筋分发给不同年龄段的幼儿，让他们尝试探索皮筋的各种玩法和跳法，大家交流讨论，整理出适合各年龄段学前儿童的玩法和跳法。

2.环境资源

在学前体育教育中可以利用幼儿园的环境资源来丰富幼儿体育游戏，如对大树、游乐设施的利用等。

（三）组合法

在学前儿童体育游戏设计中，将各种器械、动作、情节、角色等因素组合起来运用于游戏的编写中，可以丰富体育游戏的内容与形式，达到创新的效果。例如，"解放军打敌人"将跑、走、攀登、跳、爬、钻、投掷等各种动作和比较紧张的音乐组合起来；"草原小牧民"可以使幼儿在模仿小牧民各种游戏（如摔跤）和劳作的过程中进行锻炼，并同时欣赏草原少数民族的音乐，如藏族、维吾尔族或蒙古族的音乐。

三、学前儿童体育游戏的创编程序

学前儿童体育游戏创编是一个复杂的过程，包含多个环环相扣的环节，按照游戏创编的基本规律和程序开展创编工作，能够提高创编效率，少走弯路。在进行游戏创编之前需先了解各年龄班幼儿体育游戏的特点，见表3-1。

表3-1 各年龄班幼儿体育游戏特点比较

项目	小班	中班	大班
内容动作	动作简单，活动量较小，以模拟自然现象或动物活动为主	内容变得复杂，喜欢有情节的游戏和追逐性的游戏，活动量增大	内容丰富，动作增多，难度增大，喜欢竞赛性的游戏和体力与智力相配合的游戏，活动量较大
情节	简单	复杂性增加，增加了无情节的游戏	较复杂
角色	少，多为幼儿熟悉的角色（1~2种）	增多	较多，与情节的关系更复杂
规则	简单，没有限制性	较复杂，带有一定的限制性	较复杂
结果	幼儿不太注意	幼儿有所注意	喜欢有胜负结果
活动方式	常是集体做同一动作或共同完成一两项任务	出现两三人合作的游戏	合作性游戏增多，增加了组与组的合作

下面对整个创编过程和步骤进行分析。

（一）制定游戏目标

制定游戏目标是学前儿童体育游戏创编中最重要的一环。长期以来，在学前儿童体育游戏创编和指导中，存在重内容、形式，轻目标，或先选内容再定目标的现象，导致学前儿童体育游戏活动具有盲目性。

制定游戏目标要注意以下几个要点。

第一，必须从学前儿童已有的水平出发，最终促进学前儿童达到新的发展水平。

第二，目标内容应从学前儿童的活动参与（态度）、身体发展（技能）、心理健康（情感）和社会适应四个方面来确定，不要以身体发展为唯一目标，也要避免提出过于抽象、笼统以及不切实际的要求。

第三，尽量运用学前儿童参加体育游戏活动时的行为来表述目标。例如，"拍球比赛"游戏的目标是：体验和感受球性，尝试单手连续拍球，感受游戏的快乐，培养玩球的兴趣。"舞龙"游戏的目标是：学会模仿各种姿势的走和跑，提高合作能力，感受民间体育游戏的乐趣。

（二）构思游戏结构

构思游戏结构是创编体育游戏的主要环节，主要是构思游戏情节和设计游戏的活动方式。构思结构时要从幼儿的兴趣与认知特点出发，使活动方案充分满足体育游戏趣味和锻炼兼重的要求，同时兼顾安全和教育等因素。

情节是构成幼儿体育游戏趣味性的重要因素，创编幼儿体育游戏要多在游戏情节上下功夫。不同年龄班的幼儿有着不同的兴趣爱好，构思体育游戏情节时，一定要了解幼儿的年龄特点，围绕他们的兴趣点进行设计。安排活动方式时则既要考虑游戏的趣味性又要满足一定的教育要求。不同的游戏内容和活动方式具有不同的作用，对同一活动内容采用不同的组织方法也可以达到不同的效果。例如，各种以跑跳动作为基本内容的游戏，既可以采用集体练习，也可以采用两三人合作的创新动作进行练习，还可以采用小组夺标的组织方法，运用集体的力量去取得胜利。这样，同一内容的练习通过不同的游戏方法收到了不同的效果。因此，要根据幼儿的年龄特点，确定合理的活动方式和运动量，以达到最佳的效果。小班一般采用集体游戏的活动方式，中班出现了两三人之间的合作，而大班则可以开展一些竞赛性的活动。

1.构思游戏情节的方法

构思游戏情节是创编学前儿童体育游戏的重要内容之一，应从幼儿的身心特点出发，结合幼儿现有的生活认知和感兴趣的事物，围绕一个切入点展开设计。主要构思方法有以下几种。

（1）事件提炼法

从人们身边发生的真实事件中进行对游戏主题素材的提炼和游戏情节的

构思，这就是事物提炼法。运用该方法构思游戏情节时，要对参与游戏的学前儿童的身心特点、兴趣爱好有所了解。学前儿童喜欢模仿，模仿能力较强，利用这一特点来构思游戏情节，如"司机伯伯开汽车""消防员叔叔灭火"等，往往能够成功激发学前儿童的参与兴趣。

除了要对学前儿童的普遍特点和兴趣爱好有所掌握，还要对不同年龄学前儿童在一定时期内的兴趣爱好进行观察，对他们随机生成的兴趣需要准确把握，从中寻找构思游戏情节的灵感。

例如，孩子们喜欢看奥特曼系列动画片，常常模仿奥特曼说话和奥特曼的英雄行为，对此，可以设计"我是小小奥特曼"的游戏，将动画片中的情节融入游戏中，以此来满足他们的兴趣爱好和模仿需求。

（2）故事借鉴法

故事借鉴法指的是根据故事内容构思游戏情节，以故事表演为游戏表现形式的方法。幼儿普遍喜欢听故事、表演故事，教师可以从这一特点出发，用拟人化的虚构手法进行对游戏情节的构思。

运用故事借鉴法构思游戏情节主要有以下两种情况。

第一，直接借鉴现有的故事；

第二，创编某些故事情节，使之符合游戏需要。

（3）知识模拟法

以自然知识和社会知识为依据，通过对相关知识点的模仿来进行游戏情节构思，使学前儿童在游戏中掌握基本知识或常识，这种构思方法就是所谓的知识模拟法。

例如，在"小心触电"游戏中，采用模拟用电常识的方法进行构思，将追捉者构思为"电插头"，被追捉者构思为"人"，那么情节的主线就是"躲避电插头"。通过该游戏，使学前儿童了解电与安全用电的常识，树立自我保护意识。

（4）角色衍生法

情节和角色往往不可分割。角色衍生法指的是根据游戏动作和活动方式特点，选择相关或相似的事物作为游戏角色，从而衍生出某种游戏情节的方法。例如，设计跳类游戏时，可以选用双脚跳动作特征明显的"小青蛙""小白兔"等作为游戏角色。如果选用"小青蛙"角色，可以衍生出

"小青蛙捉害虫""小青蛙跳池塘"等游戏情节。如果选用"小白兔"角色,可以衍生出"小兔子拔萝卜""小兔子采蘑菇"等游戏情节。

(5)器械相关法

在学前儿童体育游戏中尤其是器械类游戏中不可避免会用到各种各样的简易器械,从使用器械的特点出发来进行游戏情节构思的方法就是游戏情节模拟中常用的器械相关法。

棒、球、绳、木块、平衡木等是我们比较熟悉的体育游戏道具、器械,观察它们的特点,抓住各种道具和器械的独特性,能够对活泼有趣的游戏情节进行设计。例如,在走平衡木游戏活动中可以构思"过小桥""走钢丝"等具有冒险性的情节;在球类游戏中可以构思"赶小猪""运西瓜"等生动有趣的情节。

学前儿童体育游戏中运用的工具和器械种类非常多,有些废旧物品经过简单的处理后也可以当作游戏工具,如饮料罐、旧报纸、旧纸盒、塑料绳、颜色鲜亮的包装纸等,这些工具对大人来说可能是没有用处的废弃物,但对一些幼儿来说却是非常有趣的玩具,孩子们用这些工具可以做很多游戏。虽然学前儿童的兴趣爱好不稳定,但对于这样创造性的举动,教师和家长要给予鼓励,并参与他们的游戏,提出中肯的建议,进行合理的指导,使这些工具的游戏价值充分发挥出来。

需要注意的是,有的废旧材料不方便直接用于游戏中,教师要带领孩子们对这些材料进行简单的加工和处理,学会自制创意玩具,并在制作的过程中构思游戏情节,使学前儿童运用自己亲手制作的工具尽情游戏,这样教育效果会更加显著。

(6)主题串联法

主题活动是幼儿园教育中常用的活动形式之一,幼儿体育游戏可以利用这种方法,围绕某一既定的主题构思游戏情节,通过一些与主题关联性强的活动来整合多种游戏动作,从而通过此类游戏促进幼儿全面发展。例如,"快乐的小矿工"游戏,围绕小矿工这一主题,可以构思"下矿井"和"出矿井"的游戏情节,从而使幼儿练习钻、爬等基本动作。

2.情节构思的注意事项

（1）情节要符合游戏主体的认知和兴趣

不同年龄学前儿童的身心特点、兴趣爱好、动作能力等有所差异，运用上述方法构思体育游戏情节时，必须从游戏参与者的年龄特点、兴趣爱好和身体活动能力出发进行具有针对性的构思与设计。也就是说，游戏情节必须符合参与者的认知背景和兴趣特点，必须从游戏主体熟悉的生活事件中构思故事情节，确保游戏主体对游戏的主题、情节及其中的知识内容比较熟悉，这样才能激发他们参与的动机和积极性，使他们在参与游戏的过程中获得乐趣和满足。

（2）情节要有教育意义

从社会生活中发现游戏素材，设计游戏情节，要求融入一定的教育因素，体现游戏的教育意义，尽量避免消极因素对发挥体育游戏教育作用的制约。

运用相关方法构思游戏情节时，要注意与时俱进，使当代的社会生活、文化特征和时代发展特色从游戏情节中鲜明地反映出来，应该防止对"老一套"情节模式的简单重复，同时避免选用过于陈旧的、教育意义不明显的游戏内容。

（3）情节要给游戏主体留有想象空间

体育游戏情节具有模拟性、虚构性，在游戏情节构思中不需要过分强调真实性，要善于运用提炼法、串联法、模拟法等方法构思具有想象力和创造性的游戏情节，使学前儿童在参与游戏时有想象和自我创作的空间，这对发挥学前儿童的创造潜能具有重要意义。

3.游戏活动方式的设计

从各年龄班幼儿体育游戏的特点来看，小班多是组织不同的队形集体做游戏，中大班开始了合作和竞赛。常用的竞赛法有接力法、捕捉法和争夺法。

（1）接力法

接力法常用的方式有回转式、穿梭式和周围式三种。

回转式（图3-1）：两队各成一列纵队站在出发线后，听"开始"口令后，各排头用规定的方法前进，到达回转线后绕过提前设定好的回转点，然后返回与同伴击掌，再站到队尾，其余人依次进行，直到各队最后一人均返回站到队尾，用时最少的队获胜。

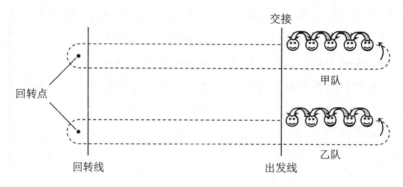

图3-1 回转式接力

穿梭式（图3-2）：又称"迎面接力"，竞赛方法为，设两条出发线，每队分成人数相同的两组，两组队员面对面分别站在两条出发线后。比赛时，第一组的队员先跑向对面与第二组拍手，第二组的队员再跑向对面与第一组拍手。依次进行，以最末尾一人先到达对面出发线的队获胜。

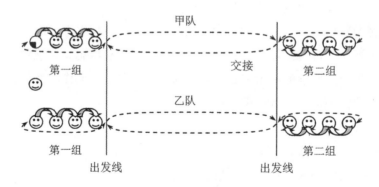

图3-2 穿梭式接力

周围式（图3-3）：周围式是游戏者在方形、圆形等场地沿着同一方向进行游戏的一种方式，可视场地和人数需要来分组。例如，图3-3所示的是四角接力，每队分成人数相等的4个小组，接力过程中依次由第一组向第二组、第三组和第四组进行交接。以队形轮转一次或一周为一局，每局结束后用时少的一队获胜。

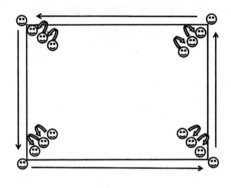

图3-3　周围式接力

（2）捕捉法

捕捉法是一种游戏者直接对抗的竞赛活动形式，它适合4岁以上的幼儿参与，有助于锻炼幼儿的运动技能、身体素质、观察力、思维力和创造力。

捕捉游戏有多种活动方式，可以从不同的角度切入来设计具体活动方式。例如，当切入点为捕捉活动的目标时，游戏捕捉的目标可以是人、人体某一部位或人携带的某种物品。例如，幼儿非常熟悉的"踩影子"游戏，踩到对方的身影即可。再如，当切入点为捕捉活动的条件时，可以通过限制活动场地来缩小逃避方的活动范围，如"大渔网"游戏，规定逃避者不能逃出"渔塘"外。此外，也可以限制使用工具，如规定只能用网、杆、绳、包等工具完成动作。

（3）争夺法

幼儿体育游戏中也经常采用争夺法这一游戏方式，以争夺内容的不同为依据，可以分为争名次和争物品两种形式。在争名次的游戏活动中，往往用时间、数量等量化指标来判断输赢。在争物品的游戏活动中，一般限制在某个区域范围内争夺某一物品。

（三）设计游戏细节

将游戏情节和活动方式等大框架构思好后，下面就要对游戏方案中的细节部分进行设计，主要包括以下几个方面。

1.体育游戏分队和分配角色的方法
常用的方法有指定法、民主法、随机法、猜拳法和轮流法等。

2.体育游戏起动信号的设计
常见的方法有：发令法——信号可以是语言、口笛、铃鼓、小锣等声音信号，也可以是做手势、挥动小旗等动作信号；问答法——如游戏"老狼老狼几点了"。此外，还有儿歌法、猜拳法、乐曲法等。

3.体育游戏儿歌的编写
儿歌编写包括对游戏动作方法、游戏活动内容以及游戏情节的描述等。编写儿歌遵循的一般原则和要求：内容健康、具体形象、浅显易懂、节奏明快、合辙押韵，同时要能体现体育游戏的特点，有反映游戏动作和活动内容的成分。比如，"走走走，走走走，走来走去找朋友；找找找，找找找，找来找去找朋友"。

（四）制定游戏规则

游戏的顺利开展离不开明确的游戏规则，游戏的胜负也要依据游戏规则来评定，任何游戏都是在相应规则的规范和约束下实施的。在制定游戏规则时要注意以下事宜。

1.明确界限
学前儿童体育游戏比较灵活，有时可以用多种方法去完成一个游戏动作。但是，不同的做法在难度上是有差异的，具体采用哪种做法来完成游戏动作，要经过琢磨、试验，深思熟虑，不能随意决定。为了保证游戏的公平性，在游戏规则中要明确说明可以采用哪种做法，不能采用哪种做法，否则就是犯规。此外，还要说明完成了什么任务或达到了什么目标才是成功，否则就是失败，尽可能采取可量化的评价标准。

如果完成同一游戏动作的几种不同做法难度差不多，那么就不需要说明哪种做法合理，哪种不合理，让幼儿自己选择，但最终判断胜负的标准是相同的。

2.明确犯规的处理方式

在体育游戏实施中，不遵守游戏规则按犯规处理，一般采取以下处理方式，具体根据游戏情况灵活处理。

（1）犯规者或组扣分。

（2）犯规者或组名次排在末位。

（3）犯规者成绩无效。

（4）犯规者做一些难度动作以示惩罚。

3.规则灵活

学前儿童体育游戏的规则不能太死板，内容不能太复杂，要言简意赅，有3条左右即可，而且要有一定的灵活性，为学前儿童发挥想象力和创造性提供机会与条件。

（五）提出游戏的注意事项

在注意事项中主要说明游戏的适用范围（年龄、气候、场地等），提出游戏中可能出现的各种问题的预防和解决办法，指出游戏的其他做法。

（六）确定游戏名称

体育游戏设计方案基本成型后，要根据方案的要点将游戏名称确定下来，这是非常关键的一步。

1.游戏命名方法

游戏命名常常采用以下两种方法。

第一，以体育游戏动作特点、活动方式特点为依据来命名，如"听鼓声变速走""圆圈接力跑"等。

第二，根据体育游戏的主题或游戏情节来命名，如"猫捉老鼠""放鞭炮"等。

2.游戏命名的要求

学前儿童体育游戏的命名要满足以下要求。

（1）名实相符

直接给体育游戏确定名称时，要保证名实相符，也就是游戏名称与游戏内容相符，游戏的具体内容、主要特征应该能够从游戏的名称中直观地体现出来。

（2）简单易懂

游戏名称要简单易懂，便于记忆，吸引力强，避免使用冷僻、难记、难懂的字眼。游戏名称以2~7个字为宜，字数不宜太多，否则不利于记忆，字数也不宜太少，否则过于抽象。

（3）关联度强

体育游戏命名中有一种拟喻的命名方式，这种命名方式能够增加游戏的生动性、趣味性，但使用时要注意防止牵强附会，要从游戏内容和形式出发来拟喻，使游戏名称与游戏内容、形式有直观的、明显的联系，而且所拟名称要尽量用褒义词。

（七）游戏的书写与配图

体育游戏的书写简单来说必须包含游戏名称、游戏方法、游戏规则三项内容。比较全面的书写除了包括这几项内容外，还包括游戏目的、游戏场地和器材、游戏教学建议、游戏注意事项等。有时为了便于理解和组织实施，还要设计必要的组织形式图。

1.书写

体育游戏的记写格式为：

（1）游戏名称（一般居中）。

（2）游戏目标。

（3）游戏准备（包括场地示意图，一般放最后）。

（4）游戏玩法。

（5）游戏规则。

（6）游戏建议或注意事项。

2.配图

游戏配图主要是为了补充游戏内容，说明游戏组织方法，以便于对文字的正确理解，并能直观形象地指导游戏的开展。体育游戏的配图方式在学前儿童体育游戏配图中同样适用，记录方式相对来说是约定俗成的，但也要结合学前儿童的特点，尽可能使图片生动、形象、活泼。

（1）配图方法

体育游戏的配图方法主要有以下三种。

①符号配图法

符号配图法操作起来快速便捷，以用标志性符号描绘游戏中的人物、场地、路线等为主，讲求简单实用、方便区分和理解。这是学前儿童体育游戏配图中运用最多的一种方法。

常用的符号包括游戏角色的符号、移动方向和路线符号、器械符号以及动作符号等。

②形象配图法

在体育游戏配图中，详细描绘人物动作和场地器械的具体形象的配图方法就是形象配图法。

描绘人物动作时，主要采用简笔画，描绘场地器械时，尽可能符合实物的轮廓与形状。这种配图法相较于第一种难度较大，对设计者的绘图技巧、构图能力提出了较高的要求。

（2）画图顺序

体育游戏画图有一定的规律和顺序，对于比较复杂的游戏，要绘画的元素较多，一般按照以下顺序来画图。

①场地与器材位置

一般用俯视图来画场地和器材，如场地的范围线、限制线、标志线、标志点等。对于难以用俯视图表现的器材，如小旗插在地上，则用侧视图或正视图来绘画。

②游戏者的站位

游戏配图中游戏角色的站位必须要用符号配图法或形象配图法清楚地画出，尤其是接力游戏、小组对抗游戏等。

③游戏进行的路线

游戏进行的路线也就是游戏者的活动路线，要清楚地画出游戏者跑、跳、钻、爬或其他动作的路线。

④特殊动作

在体育游戏配图中要准确描绘游戏者的动作特征，如果是复杂的动作，或受客观条件限制而无法准确描绘的人物图，可以采用特写配图的方法来突出重点。

⑤生动活泼的场面

体育游戏配图要创造出生动活泼的游戏画面，渲染欢快的氛围，便于学前儿童对游戏方法的理解和快速掌握。为突出游戏场面的生动活泼，要在人物动作上下功夫，切忌千篇一律。

（八）游戏的检验和修改

经过深思熟虑和上述流程，逐渐完成体育游戏创编工作，呈现出完整的游戏方案后，接下来就是在一定范围内将游戏方案投入使用，用实践去检验游戏的科学性、合理性、操作性和实效性，并分析、总结初步使用结果。发现问题和不足，应及时补充和修改，使游戏方案不断趋于完善，进而在实践中充分发挥其实用价值。

下面列举一个学前儿童体育游戏的创编范例——矮人赛跑。

【游戏名称】矮人赛跑。

【游戏目标】

（1）学习用身体夹物跑的动作，熟练穿梭式竞赛方法。

（2）发展幼儿下肢力量及协调性，提高身体对物体的操控力。

（3）培养幼儿的团队协作能力和遵守规则的意识。

【游戏准备】实心球2个，场地设置如图3-4所示。

【游戏玩法】将幼儿分成人数相等的两队，各队又分成A、B两组，各成纵队面对面站在两条起点线后，两队间隔3米。游戏开始，各队A组排头做半蹲姿势，弯腰用胸、腿夹住实心球，放开手做好准备。教师发令后，幼儿夹住球迅速向本队B组跑进，把球交给B组排头后站到B组队尾。B组排头以同样的方法游戏，直至全队完成游戏，用时少的队为胜。

【游戏规则】

（1）起跑和换人时，必须在起点线进行。

（2）跑动中不得用手扶球，球若落地，必须在原地捡起并将球夹好后方能前进。

【游戏建议】

（1）此游戏可用曲线跑的方法增加难度。

（2）游戏的距离可根据幼儿实际情况进行调整，实心球可用排球代替。

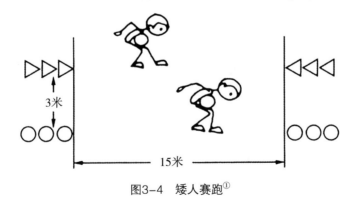

图3-4　矮人赛跑[①]

---

① 汪超.学前儿童体育[M].上海：复旦大学出版社，2015.

第三节　学前儿童体育游戏教学活动的设计

一、学前儿童体育游戏教学活动设计的一般程序

体育游戏是学前儿童体育教育的重要内容，在学前体育教育中开展体育游戏教学，要按游戏准备、游戏实施和游戏结束三个程序与步骤来设计游戏教学活动。

（一）游戏准备工作

在游戏准备阶段，主要做好以下几项工作。

1.选择游戏
钻研学前体育教材，并根据学前儿童的年龄特点和幼儿园的教学条件选择恰当的游戏。

2.物质准备
布置游戏场地，做好游戏器材、用具等基本物质的准备，提出对游戏参与者的着装要求，为游戏的顺利开展提供物质保障。

3.其他准备
对于角色较多、情节比较复杂的游戏，需要在游戏开始前向参与者说明相关事宜，以节约游戏时间。

（二）游戏实施过程

1.游戏开始

（1）进场

带领幼儿有序进入已布置好的游戏场地。

（2）讲解、示范

将游戏的内容、方法、注意事项等信息简明扼要地讲给幼儿听，尽可能用生动形象的语言讲解，声音分贝高度要保证所有幼儿都能听到。教师可以边讲解边做正确的示范。

（3）分组、分角色

对所有参与游戏的幼儿进行分组，为每个幼儿分配角色。如果是追逐游戏，追与被追的幼儿在运动能力上应该差不多。如果是竞赛性游戏，尽可能保证各组能力均衡。为了防止相互之间能力差距大，一般由教师来分组。对于非竞赛性游戏，可以由幼儿自由分组，或者用报数法分组。

关于角色的分配，可以由教师扮演主要角色，或者由能力水平较高的幼儿轮流扮演主要角色。

2.游戏过程

（1）组织幼儿按游戏规则进行游戏，教师在一旁观察，必要时进入场地进行指导。

（2）在幼儿参与游戏的过程中，教师在一旁全面观察或个别观察，在适当的时候鼓励幼儿，发挥好指导、保护、帮助以及纠正的作用，尽可能调动幼儿的积极性。

（3）在部分小组的游戏结束后，教师采用演示、谈话、讲评等方法来总结各组的表现，并鼓励后面的小组完成好游戏。当发现游戏的运动负荷比较大，幼儿不易完成时，及时进行适当调整。

在游戏指导中，教师要注意以下几方面的要点。

第一，重视幼儿的主体性和游戏主体的地位，采用有效的方式调动幼儿的参与兴趣和积极主动性。

第二，教师通过简洁讲解和直观示范使幼儿对游戏玩法、动作要领和游戏规则有正确的认识。

第三，对幼儿的活动量要合理控制。

第四，关注幼儿的个体差异，进行个别指导。

第五，加强安全教育，确保每个幼儿的安全。

（三）游戏结束活动

体育游戏结束活动主要包括放松活动、评议活动和整理活动三个方面的内容。

1.放松

完成游戏的幼儿做基本的放松活动，如伸展、散步等，促进身体和情绪的恢复。

2.评议

评议活动主要从以下两个方面展开。

第一，教师评议幼儿的表现。

第二，教师评议游戏效果和自己的组织指导工作。

在讲评教育环节，要根据游戏任务的完成情况、幼儿的运动量大小和情绪体验等进行评议。

3.整理

游戏课结束后，教师带领幼儿整理场地，收拾器材、工具，并指导幼儿整理好自己的衣物。

体育游戏结束后的整理工作必须强调幼儿的参与性，这有利于对幼儿的责任意识和良好行为习惯进行培养。

二、学前儿童体育游戏教学活动设计方案示例

学前儿童体育游戏教学活动设计方案主要有两种呈现方式，一是文字叙述式，二是表格式。

（一）文字叙述式设计示例

游戏名称——"灵巧的小猫"

【活动目标】

（1）培养幼儿的基本活动能力和反应能力。

（2）培养幼儿的模仿能力和创新能力。

【活动准备】

（1）有地毯的平坦场地。

（2）若干小白猫头饰、小花猫头饰和小黑猫头饰，1个小狗头饰，3个小猫的家，小狗叫声录音带，录音机。

【活动过程】

（1）开始部分

教师带领幼儿模仿小猫的身体动作，如"洗脸""伸懒腰""做操"等。

（2）基本部分

将幼儿平均分为3组，教师把幼儿带到活动场地，分别介绍3个小猫的家，教师提问："小猫是怎么爬的呀？"教师引导幼儿模仿小猫爬的动作，幼儿手膝着地向前爬、向后爬。当幼儿基本掌握这种方法后，教师提问："小猫除了这样爬以外，还可以怎样爬？"启发幼儿创造不同爬的方法。当幼儿高兴地说自己创造了不同爬的方法后，教师适当鼓励幼儿，以充分调动和提高幼儿参与活动的积极性。教师提醒幼儿说："你要当心有'小狗'来追你，当'小狗'到来时，'小猫'要马上爬回家。"这样是为了锻炼幼儿的反应速度，加大练习密度。教师扮"小狗"，当"小狗"叫的录音响起时，"小狗"爬到地毯上追逐"小猫"，"小猫"快速爬回自己"家"藏起来，待"小狗"藏起时，"小猫"再爬出来继续玩耍。

（3）结束部分

活动结束后，教师带领幼儿做欢快的舞蹈放松活动，并和幼儿一起将游戏用具收拾好。

【活动反思】

（1）此游戏由自由爬行和追逐躲闪活动组成。自由爬行是活动的主体，可以引导幼儿尝试各种爬的动作，培养幼儿的基本身体活动能力。

（2）长时间做重复的动作难免会枯燥，所以在今后的游戏活动中可以加大活动难度，如设置情境，使幼儿驮着或顶着沙包爬等，让幼儿自己想办法将沙包运回家。

（二）表格式设计示例

1.表格形式

学前儿童体育游戏教学活动设计方案的常见表格形式见表3-2和表3-3。这为教师设计活动提供了思路，能够基本明确活动方案的内容，但具体运用时要根据实际情况而灵活调整表格内容。

表3-2　学前儿童体育游戏教学活动设计方案表格1[①]

班级：　　　　时间：　　　　教师：

游戏名称					
游戏目标					
游戏准备					
游戏过程	时间（分）	活动内容	练习量	练习方法	备注
开始					
中间					
结束					
自我评析					
教学建议					

① 王占春.幼儿园体育活动的理论与方法[M].北京：人民教育出版社，2002.

表3-3　学前儿童体育游戏教学活动设计方案表格2[①]

游戏名称：

授课教师		时间		周次	
授课班级			人数		
教学设计					
教学目标					
教学重点					
教学准备					
教学环节	教学内容与过程安排		时间与次数	组织形式	场地安排
准备部分					
基本部分					
结束部分					
课后小结					
延伸活动					

2.设计示例

适合幼儿园大班的绳子游戏教学活动设计方案见表3-4。

---

① 宋彩珍，张利芳.幼儿体育游戏[M].长沙：湖南师范大学出版社，2017.

表3-4 绳子游戏教学活动设计[①]

教师姓名	—	适合年龄	大班
游戏名称	一物多玩——绳子	组织形式	分组教学

环境布置	跳绳每人一根，梯子、沙袋、平衡木、塑料圈、拱形门、垫子、塑料桶 场地布置如图
目标	（1）使幼儿掌握多种跳绳玩法，能创造新的玩法 （2）使幼儿积极参与户外游戏，有合作精神 （3）培养礼貌谦让的好品质 （4）培养幼儿合作设计简单游戏的能力
活动过程	1.集中性游戏 （1）幼儿自愿分成四组，各组分别讨论绳子游戏的玩法 （2）将绳子摆在地上做基本动作练习（如图） （3）幼儿合作将绳子架在垫子上，练匍匐爬（如图）

① 方学虹，朱海鸣.幼儿园体育游戏活动设计[M].成都：四川大学出版社，2014.

活动过程	（4）幼儿互相牵着绳子做"网鱼"游戏，要求"鱼儿"双脚跳、跨跳，提醒幼儿注意安全 2.幼儿自编游戏 教师巡回指导，鼓励幼儿创造不一样的绳子游戏，适当的时候提供指导和帮助 3.跳绳比赛 分组比赛，明确规则 4.放松 做放松、整理动作，调整呼吸
评析	（1）通过该游戏，幼儿不仅发展了体能，也提高了创造思维，学会了一物多玩，效果显著 （2）教师对个别幼儿观察不够仔细，没能及时提供指导和帮助，需引起注意
备注	

第四章 学前儿童体育游戏之基本动作技能发展

　　学前儿童的体育游戏是锻炼和发展幼儿身体各项素质和机能的重要启蒙教育，也是幼儿最喜欢的活动内容。帮助幼儿树立规范的动作，养成运动的意识和习惯，并培养良好的美感，需要教师采用科学的教学方式。本章将从基础运动技术、幼儿园常见基本动作技能发展之走步、幼儿园常见基本动作技能发展之跑步、幼儿园常见基本动作技能发展之跳跃、幼儿园常见基本动作技能发展之投掷及幼儿园常见基本动作技能发展之钻爬几方面，对学前儿童体育游戏的基本动作教学内容进行全面的探讨和研究。

第一节　基本动作技能

基本动作是人体最基本的活动技能，是人们在生活和生产劳动中的实用技能，也是锻炼身体的重要手段。基本动作练习是幼儿园体育活动的主要内容之一，包括走、跑、跳、投、平衡、钻爬等。幼儿进行基本动作练习的基本任务是促进幼儿的生长发育，发展他们的各项身体素质。在进行基本运动技术的掌握和学习中，可以培养幼儿有关体育的基本常识，同时发展他们的智力水平，培养出勇敢、机敏、团结友爱等优良品质，同时通过游戏和练习，引导幼儿养成活泼开朗的性格。

一、国外关于基本动作技能的研究

基本动作技能（Fundamental Motor Skills，FMS）理论不仅是美国、英国和澳大利亚等发达国家用来指导学龄前儿童体育运动的基础理论，它还被美国和英国等国家认定为小学体育教育的主要目标之一。[①]

美国学者加拉休（Gallahue）于1975年在总结前人研究的基础上对基本动作技能进行剖析，将基本动作技能分为移动性动作技能和操作技能。1979年，美国学者西费尔特（Seefeldt,V.）在Gallahue研究的基础上进一步分化，

---

① Lubans D D R，Morgan P J，Cliff D，etal. Fundamental Movement Skills in Children and Adolescents［J］. Sports Medicine，2010，40(12)：1019—1035.

将基本动作技能分为移动性动作技能、姿势控制技能、物体操控技能三类。随着平衡和稳定技能在运动训练中越来越被重视，2002年Gallahue在研究不同人群动作发展过程中支持了Seefeldt,V.的分类方法。她将基本动作技能分为三类，其中移动性动作技能包括走、跑、跳等；姿势控制技能也称原地动作技能，包括推、拉、旋转等；物体操控技能包括投掷、截击、击打。她们特别指出基本动作技能是复杂的运动技能和专项运动技能的基础。按年龄将基本动作技能学习划分为基本动作技能形成阶段（1~7岁）和基本动作技能运用阶段（7~12岁），在第一阶段，幼儿应建立丰富多样的运动技能库，为后期的复杂运动技能的学习奠定基础。①

哈特（Harter）则从儿童心理视角出发提出儿童感知运动胜任能力是随着年龄的增长而变化。在7岁以下，幼儿评估自我运动技能的能力还比较有限，他们往往会高估自我的运动能力，所以往往不能坚持尝试并最终掌握该项运动技能。而到了7岁以后，他们转向更高层次的认知，感知运动胜任能力更接近他们的实际运动能力，他们倾向于选择与自己运动能力接近的体育活动，将对超出他们运动能力的体育活动抱有较低热情，甚至拒绝参加体育活动。②

因此，7岁之前是学习基本动作技能的关键期。动作技能学是对经过锻炼后获得运动技术的研究。动作技能的学习侧重于运动技术的认知方面。根据托纳斯和托马斯（Thonas and Thomas）的观点，动作技能的学习是"理解反馈、学习、个体差异的影响。"③

良好的基本动作技能能够提高儿童未来体育运动参与的自信心，还将为

① Clark J E, Metcalfe J S. Motor development: Research and reviews, [M]. Reston: NASPE Publications, 2002, 2: 163-190. Clark J E, Metcalfe J S. The mountain of motor development: A metaphor [J]. Motor development: Researchand reviews, 2002(2): 163-190.

② Harter S. The construction of the self: A developmental perspective [M]. Guilford Press, 1999.

③（美）伍斯特.体育基础：教学、锻炼和竞技（第十五版）[M].刘卫东，等，译.南京：江苏教育出版社，2007：191.

他们未来学习复杂的专项运动技能打下良好的基础。

二、国内关于基本动作技能的相关研究

《中国学前教育百科全书》上所综述的人体最基本的活动能力，包括走、跑、跳、投、钻、爬、攀登等。[①]

身体基本活动能力隶属体质的范畴之一，是体能的组成部分，同时也是人们在日常生活和社会实践中所必需的、最基本的身体运动技能。如走步、跑步、跳跃、投掷、钻爬、攀登等动作，有时也被称为"基础运动动作"或"基本动作"。[②]

刘馨教授在她的《学前儿童体育》一书中提出，基本动作技能，即人体的基本活动能力，是指人们在日常生活和社会实践活动中所必需的、最基本的身体运动技能，例如走步、跑步、跳跃、投掷、钻、爬等动作。[③]

综上所述，"基本动作技能"可理解为：是构成专业或复杂运动技术的各种具体动作，是人体最基本的活动能力。它是人们为了增进健康、增强体质、娱乐身心或提高运动技术水平，充分发挥人体机能能力，采用合理有效的身体练习方法。它可分为移动性运动技术、原地性运动技术和控制性运动技术。其中移动性运动技术是指那些身体在空间上移动的技术，主要包括走、跑、跳等；原地性运动技术（也可称为姿势控制技能）一般都是以稳定的支撑点为基础，通过体位的改变适时地进行，包括弯曲与伸展、转动与旋转、摆动等；控制性运动技术包括对物体的推动和控制，包括投、抓、击打物体、运球、踢、空中截止等。各种基础运动技术的结合就创造出许多活动中所必需的专业动作。比如，"背向滑步推铅球"就需要滑（移动动作技术）、

① 梁志燊.中国学前教育百科全书——教育理论卷[M].沈阳：沈阳出版社，1995：29.
② 万钫.中国学前教育百科全书——健康体育卷[M].沈阳：沈阳出版社.1995：50–51.
③ 刘馨.学前儿童体育[M].北京：北京师范大学出版社，2002.7：38.

投（控制运动技术）和转体（原地运动技术）等动作的结合。[①]

三、幼儿基本动作技能发展是幼儿园教育的重要任务

时任教育部陈宝生部长展望2019年教育工作会议上强调体育美育要有刚性要求，随着国家对各个年龄段学生体质的重视，幼儿体质也备受关注。《幼儿园教育指导纲要（试行）》（以下简称《纲要》）中明确指出，幼儿园要开展丰富多彩的体育活动和户外游戏，特别是在走、跑、跳、钻、爬、攀登等基本动作的体育活动中，要用幼儿感兴趣的方式发展其动作的协调性和灵活性。[②]

《3～6岁儿童学习与发展指南》（以下简称《指南》）在健康领域针对"动作发展"明确规定了幼儿要具有一定的平衡能力，动作协调、灵敏和具有一定的力量和耐力。还分年龄段叙述了3～4岁、4～5岁、5～6岁幼儿基本动作发展目标和标准。并指出幼儿阶段是人体整个动作发展的起始阶段，为幼儿日后的成长奠定坚实的基础。从中可以看到《纲要》和《指南》对幼儿基本动作技能发展的重视。[③]

朱子平，刘鎏，秦培府在《国外学龄前儿童基本动作技能研究——兼论对我国幼儿体育教育的启示》中阐明如果在幼儿体育教学中出现基本动作技能学习的空缺，将对孩子们在青少年时期的体育运动学习，体育活动参与造成不可弥补的损失。"基本动作技能"在人类动作发展过程中属于运动启蒙及衔接未来体育活动参与的重要位置，承载了人类动作发展过程中基础运动

---

① （美）伍斯特.体育基础：教学、锻炼和竞技（第十五版）[M]. 刘卫东，等，译.南京：江苏教育出版社，2007.

② 教育部基础教育司.幼儿园教育指导纲要（试行）解读[M].南京：江苏教育出版社，2002.

③ 教育部.3～6岁儿童学习与发展指南[Z]北京：首都师范大学出版社，2012（8）：7-8.

技能的学习任务。①

许慧敏在《动作技能发展视角下幼儿体育游戏实施效果的实证研究》中说到，3~6岁是幼儿动作发展的关键期，尤其是4~5岁是幼儿基本动作技能发展最快的时期。教师应充分尊重幼儿身心发展规律，以身体基本动作为身体练习内容，创编设计有趣的体育游戏带领幼儿多多参与到体育活动中来，促进幼儿正常的生长发育，提高幼儿体质健康水平，培养幼儿的意志品质。②

李振旗，陈芳丽，汤笑然在《人类动作发展、演进与融合——当前动作学习研究热点述评》中阐明幼儿走、跑、跳跃、投掷、钻爬、攀登、平衡等基本动作发展是幼儿体育教育的主要内容，而动作技能协调性是幼儿参与学习和各类游戏活动的重要基础。③

李健《婴幼儿运动技能的培养》中提出婴幼儿动作发展具有一定的规律性、阶段性和个体差异性等特点。在动作技能发展的关键期，教育工作者和监护者对其进行适当的引导刺激和有针对性的指导，可以促进婴幼儿动作技能习得的协调性和灵活性。④

综上所述，国内外研究者针对基本动作技能研究历时已久，已经逐渐成熟。国务院和教育部也是不断出台相应的政策，积极引导、支持我国学前教育事业的发展。幼儿时期是发展各项基本动作的关键期，为幼儿一生的动作发展和未来专项运动的习得奠定良好的基础。因此，学前教育专业学生应充分理解各类基本动作技术特点，掌握一定的基本动作技能指导要点，以及各年龄班幼儿基本动作技能发展的教学任务和要求，为将来更好地进行体育教学奠定坚实基础。

---

① 朱子平，刘鎏，秦培府.国外学龄前儿童基本动作技能研究——兼论对我国幼儿体育教育的启示[J]吉林体育学院学报，2018（6）：43-48.
② 许慧敏.动作技能发展视角下幼儿体育游戏实施效果的实证研究[D].北京体育大学，2017.
③ 李振旗，陈芳丽，汤笑然.人类动作发展、演进与融合——当前动作学习研究热点述评[J]体育世界（学术版），2019（1）：57-58.
④ 李健.婴幼儿运动技能的培养[J]北京教育学院学报（自然科学版），2011（2）：64-68.

四、学前儿童动作发展的顺序

幼儿的身体动作发展有一定的内在顺序。随着幼儿身体形态的不断发展，身体机能的不断健全，其基本动作也在逐渐发展，如表4-1所示。

表4-1　3～6岁幼儿动作发展

年龄	动作发展顺序
3～4岁	能自然地走路；能按指定的方向走；能走、跑交替100米；能快跑追上大皮球，从高处跳下时能保持身体平衡；能学会拍大皮球，会滚球、接球；能在游戏场的攀登架上爬上爬下
4～5岁	能走得自然、协调，步子均匀；能快跑，能跑着追人玩；能走、跑交替200米而不累；能双脚向前跳得很远；能往高处跳，能跳起伸手摸到20厘米高度的东西；能把小石子、小球投出很远；能闭眼转圈
5～6岁	走步姿势正确；能快跑，跑的时候能躲闪、追逐，跑得协调；能走、跑交替300米而不累；会大步跨跳；会跳"房子"、跳绳、跳橡皮筋；平衡能力较强，能闭眼单脚站立，能闭眼向前走；能走在地上放着的有间隔的砖或木块上；能把小石子、沙包、小皮球等投出很远，也能投得准；会拍球、踢球也能边跑边拍球和边跑边踢球

第二节 幼儿园常见基本动作技能发展——走步

一、走步的基本知识

（一）走步的意义

走步，是在双手、双脚的协调配合下，有一只脚始终支撑在地面上的周期性动作。走步是人们日常生活中的基本活动，是人体移动位置最自然、最省力的一种运动方式。

幼儿园的走步练习，可以增强腿部肌肉力量，提高身体的平衡能力和协调能力，有效地促进身体发育。通过走步练习，还可以塑造幼儿的体态美和对美的感受能力。幼儿期是身体姿势和走的技能形成的关键时期，走的教学对幼儿的身体发展有重要作用。

（二）走步的动作要求

上体保持正直，挺胸抬头，眼睛看向正前方，肩膀和手臂的肌肉保持放松，以肩为轴，两手臂前后适度地自然摆动，肘关节稍弯曲。保持自然的走步步幅，抬腿不要太高，两脚落地时要轻，脚尖稍向前。体会精神饱满、步频均匀的走步方式。

二、走步的教学

（一）走步的教学任务和要求

幼儿园走步教学任务，是促进幼儿身体生长发育的最基本的手段，走步的运动强度缓和，可以相对地进行较长时间，从而成为发展幼儿身体素质的主要练习方式。通过走步练习还可以锻炼幼儿养成良好的身体姿势，进行对姿态美、运动美的启蒙和教育。幼儿园走步的教学要求和教学内容如表4-2所示。

表4-2　幼儿园走步练习的教育要求和教学内容

班级	教学要求	教学内容
小班	上体正直自然走	听信号向指定方向走；一个跟着一个走；模仿各种动物走；在指定范围内四散走；短途远足等等
中班	上体正直，上、下肢协调地走	听信号有节奏地走；前脚掌走；蹲着走；高举手臂走；在平衡木上走；上下坡走；倒着走等等
大班	上体正直，上、下肢协调，步伐均匀、有精神地走	听信号变方向或变速走；一对一整齐地走；较长距离的远足等等

（二）走步的教学内容和方法

幼儿园的走步教学，其重点是对腿部动作和躯干姿势的规范。有些小朋友走路习惯了歪歪扭扭，或者"顺拐"，这些如果不及时纠正，不仅会影响幼儿的身体发育，也会影响日后的体育运动技能的发展。对走步的练习主要是让幼儿做到蹬地有力、步幅大、方向正、挺胸、直腰、走步有精神。走的教学内容一般包括自然走、齐步走、前脚掌走、静悄悄地走等。

1.自然走

（1）按指定方向或目标走。全班站成一横排，按照教师的口令做走步练习。

（2）一个跟着一个走。小朋友们排成一列纵队，一个跟在一个的后面，做匀速的走步练习。

（3）走圆圈。全班小朋友排成一路纵队并在教师的指导下逐渐走成一个圆圈，然后绕着圆圈做走步的练习。

（4）变换速度走。排成一路纵队走，教师用改变信号或节奏的方法来调整幼儿走的速度。

2.齐步走

齐步走是幼儿园最简单的集体队列练习，在教学时，教师可以根据实际情况让小朋友排成矩阵队形，做齐步走的练习，鼓励幼儿保持匀速走步的练习，也可采用评比竞赛的方法来练习。

3.前脚掌走

在练习时，教师将全班排成数排，在一定的背景音乐下，让幼儿练习脚跟提起、前脚掌着地的走步方式。注意步幅要小，上身要自然伸直，双腿不可弯曲，两手叉腰或前后自然摆动。

4.静悄悄地走

教学时教师可要求幼儿在不发出声音的前提下进行走步练习，可以融入故事情节进行练习，如"老虎睡觉醒不了""大灰狼半夜来偷鸡"等。练习时要指导幼儿练习小步幅的走步方式，即先用脚跟轻轻着地，并迅速滚动到全脚掌，随之把重心向前移动。

三、走步的游戏练习

（一）蚕宝宝

【游戏目标】发展下肢力量，培养团队意识。

【游戏准备】操场或空地、报纸若干张。

【游戏玩法】游戏前先将幼儿分组，每组队人数3～4人左右。教师画好一条起点线，小朋友们站在线后并列好纵队。教师提前将报纸挖好洞，然后轻轻套在小朋友的头上，每个小组的小朋友是一个蚕宝宝，站在后面的小朋友要轻轻捏住前面小朋友的报纸边角。在教师发布口令后，每一只"蚕宝宝"蹲着向前走，要求所有队员的左右脚齐步，中途未撕破报纸且率先到达终点的获胜。

【游戏规则】每个小朋友都必须蹲着走，不能直立行走。

【注意事项】前后不要靠得太近，以免发生碰撞。

（二）毛毛虫比赛

【游戏目标】发展协调性，锻炼和提升团队凝聚力。

【游戏准备】选一条跑道，用五个小折垫和若干跳绳，捆扎出几个小圆柱，作为一条"毛毛虫"。"毛毛虫"的每个连接处应留有一定的空隙，并设有拉手的绳头。

【游戏玩法】每4个幼儿为一组，分别骑跨在"毛毛虫"的各节空当处，并用双手提拉绳头。在教师发口令后，每个小组随着教师的口令一起高喊"1、2、1、2……并依次跨出左右腿，就像一条多足的毛毛虫那样从起点出发，途中加速前进，率先到达终点的队获胜。

【游戏规则】各组边喊拍子边前进；行进中速度逐渐加快。

【注意事项】注意安全，小心被圆柱压脚。

第三节　幼儿园常见基本动作技能发展——跑步

跑是人体的基本活动能力，是最常见、最基本的运动形式。跑步可以强身健体，提高心血管系统的功能，使心肌收缩有力，提高血管弹性，增强呼吸系统功能，对心理健康也有积极的促进作用。

一、跑步的基本知识

（一）跑步的意义

跑步是上下肢的协调配合，每一步都有一个脚支撑和腾空阶段的周期性运动。跑是人体移动位置最快的一种运动方式，也是相对走步之后最寻常的运动方式。跑步是日常生活中经常会运用的活动技能，也是锻炼身体的有效方法。持续地坚持跑步运动，不仅能发展全身，尤其是腿部的力量素质，还可以提高神经系统和运动器官的机能，增强肌体的健康水平。幼儿跑步是提高身体素质的最佳方式，同时也可以发展幼儿的耐力水平，磨炼他们的意志力。

（二）跑步的动作要求

跑步时要前脚掌先着地，脚尖朝前，落地轻而稳；脚用力向后蹬地，向前摆腿，膝部放松；上体自然伸直，肘部弯曲并前后自然摆动；眼向前看，用鼻吸气，用口鼻呼气，呼吸要自然而有节奏。

二、跑步的教学

（一）跑步的教学任务和要求

幼儿园跑步的教学任务是促进幼儿身体的全面生长和发育，发展幼儿的运动兴趣，提高各器官和组织的机能，形成正确的跑步技能，培养勇敢顽强等意志品质和乐观的性格。幼儿园关于跑步的教学要求和教学内容如表4-3所示。

表4-3　学前跑的教学要求和教学内容

班级	教学要求	教学内容
小班	两臂屈肘在体侧	沿着场地周围跑，听信号向指定方向跑；在指定范围内四散跑，听教师口令跑、走交替等
中班	上、下肢协调，轻松地跑	一路纵队跑；在指定范围内四散追逐；快跑10～20米；跑、走交替或慢跑100～200米；绕障碍跑；接力跑等
大班	上体自然正直，两手半握拳	听信号变速跑或改变方向跑；快跑20～25米；四散追逐跑或躲闪跑；跑、走交替或慢跑200米；窄道跑；高抬腿跑；大步跑等

（二）跑步的教学内容和方法

幼儿园跑步教学的主要内容一般有快速跑和自然慢跑两种。按照跑步的形式可分为直线跑、圆圈跑、环形跑、四散跑、障碍跑等。

1.跑步的专门练习

（1）各种跳跃+跑的练习：助跑纵跳摸高、跨步跑等。

（2）原地高抬腿跑：可横排或纵队走，也可在围成一个圆圈，听教师的口令让幼儿按照节拍做原地的高抬腿跑。

（3）弓步压腿：全体幼儿围成圆圈，教师在圆心示范弓步压腿的练习，让幼儿模仿，体会拉伸的感觉。

（4）原地摆臂：同样的，全体幼儿围成一个圆，教师站在圆心做示范动作，一边做一边喊口令："1—2—3—4，上体—前倾；2—2—3—4，两臂—弯曲；3—2—3—4，肩部—放松；4—2—3—4，前后—摆动"。然后带领幼儿一起做练习。

2.快速跑

每5名幼儿排成一排，两两之间保持恰当的距离，然后在教师的口令下，练习快速奔跑。注意，如果有人抢跑则重新开始。在终点画一条直线，跑到画线位置后，小朋友可以站在线后等这边的小朋友一个一个都完成练习，再排好队准备新的游戏。

3.自然慢跑与跑走交替

把幼儿分组，教师带领大家一起跑。慢跑时呼吸方法的训练和强调很重要。教师一边跑，一边指挥小朋友的呼吸和动作。

4.圆圈跑

让幼儿围成一个圆，并且两两之间保持1米以上距离，教师站在圆心，然后幼儿在教师的口令下开始自然跑练习。要求是要和前面同学保持距离不变，不能突然加速，也不能突然减速。注意确定圆圈的大小时要考虑幼儿的身高和跑速，不能太小，否则容易使幼儿跑晕或碰到其他幼儿；也不能太大，否则不便于幼儿感受身体的倾斜和左右肢体的不对称动作。

5.四散跑

让幼儿在规定的场地范围内四散跑。可以以游戏的形式进行练习，如"找朋友""看哪一队站得快"等。

6.追逐跑

追逐跑以游戏的形式来练习。幼儿可以在直线上追逐跑，也可以四散追逐跑。教师要掌握活动的时间。小班每次控制在20～30秒，中班、大班控制在40～60秒，两次之间要有1分钟左右的休息。

7.接力跑

将幼儿分为若干小组进行接力跑比赛练习。传递工具可以用沙包、小皮球、手帕或者小玩偶等物品，注意不要使用坚硬的棍棒等物品，以免有碰伤。让幼儿进行交接的方法练习很重要，引导幼儿要争取时间，赢得比赛。

8.障碍跑

分组比赛。障碍物的选择要充分考虑幼儿的安全，障碍物的数量和摆放的距离要考虑幼儿的运动能力。如小班幼儿练习障碍跑时，障碍物就要少放一些，间距远一些，难度小一些等。主要是锻炼幼儿的意识，当养成意识后，再逐渐增加障碍物的难度。

三、跑步的游戏练习

（一）穿鞋比赛

【游戏目标】提升观察力、动作敏捷性和团队凝聚力。

【游戏准备】操场上或空旷宽敞的场地。

【游戏玩法】将小朋友分为两组。游戏开始后，两组分别围成圆圈并坐下，每个小朋友将鞋子全部脱掉，放在自己的身前，因此，鞋子也摆放成圆形。在教师发布口令后，两组小朋友交换场地，并且故意将对方鞋子摆放的位置搞乱，再围成圆阵。之后，教师再次发布口令时，两组幼儿绕着圆圈慢跑，教师此时又发布口令"回家"，两组小朋友迅速返回本方场地，找到自己的鞋子并穿好，再拉手坐成圆阵。完成任务又好又快的小组获胜。

【游戏规则】各组小朋友听口令完成任务；不能将地上的鞋子扔出圈外。

【注意事项】绕圈跑时避免被鞋子绊倒。

（二）捕鱼游戏

【游戏目标】发展奔跑、躲闪的能力和灵敏性。

【游戏准备】空地、绳子制成的"大渔网"。

【游戏玩法】将幼儿分为甲、乙两队，甲队围成圈牵手斜上举当"大渔网"；乙队站成一路纵队当"鱼儿"，并选一个小朋友当领头人，最初可由教师扮演。游戏开始后，"鱼儿们"在领头人的引领下，穿行在"渔网"的内外。过一会儿教师发布口令，甲队不松手地蹲下，表示"收网"，被压在圈内的乙队幼儿就是被捕到的"鱼儿"。统计一下共捕到几条"鱼"。在规定的时间内，捕鱼最多的小组获胜。

【游戏规则】到了规定时间时必须立即"收网"，"收网"后"鱼儿"不能强行出"网"。

【注意事项】在游戏前，教师应充分确认好场地的安全。在游戏中，教师应维持好秩序，避免小朋友碰撞摔倒。

第四节　幼儿园常见基本动作技能发展——跳跃

跳跃是人体的最基本能力之一。适当地进行跳跃运动，可以很好地促进人体的新陈代谢功能，增强内脏器官的功能。跳跃动作一般分为跳高和跳远两种，但无论是跳高还是跳远，技术结构基本一致，即都是由助跑—起跳—腾空—落地四个部分组成。可见，跳跃能力是一种同时对力量、速度以及身体的协调能力有较高要求的运动形式。

一、跳的基本知识

（一）跳的意义

跳跃是由两脚蹬地、腾空和落地三个阶段组成的非周期性动作。跳跃活动是幼儿非常喜爱的一种体育活动。经常进行跳跃活动能有效地发展肌肉力量，特别是对腰部和下肢肌肉力量的增强有明显的促进作用。同时，跳跃运动还能促进心脏和呼吸机能的发展，培养幼儿勇敢果断的优良品质，活泼、乐观的性格。

（二）跳的动作要求

屈膝摆臂，四肢协调，用力蹬地跳起，落地动作要轻，全身保持平衡。

二、跳的教学

（一）跳的教学要求

幼儿的跳跃能力还没有充分发展，需要在教师的指导和保护下，进行较为缓和的游戏。首先是帮助幼儿克服恐惧心理，防止摔倒。教师可以先从简单的跳跃游戏开始，比如双脚跳和原地向上跳等，然后慢慢过渡到单脚跳、跳远等练习。注意练习强度要由小到大，内容要交替进行，避免幼儿感到枯燥而失去兴趣。跳跃能力的训练可以选择以游戏的形式进行，更容易收到较好的效果。幼儿园跳跃的教学要求和教学内容如表4-4所示。

表4-4　幼儿园跳跃能力的教学要求和教学内容

班级	教学要求	教学内容
小班	自然跳起、轻轻落地	双脚原地往上跳；双脚向前行进跳
中班	屈膝，前脚掌蹬地跳起，轻轻落地，保持平衡	原地纵跳抛物；双脚延直线两侧行进跳；立定跳远；助跑跨过间距不小于40厘米的平行线
大班	屈膝摆臂，四肢协调，用力蹬地跳起，努力触碰目标物，轻轻落地	原地纵跳触物（物体高于指尖20~25厘米）；立定跳远；助跑跨过间距不小于50厘米的平行线；助跑屈膝跳过30~40厘米的高度；跳绳或跳皮筋

（二）跳的教学内容和方法

跳跃是幼儿园体育游戏教学的主要内容之一。幼儿园的跳跃教学主要以游戏或者完成任务的形式进行。一般情况，教师会先做示范动作，然后让每个小朋友模仿和充分练习。之后即开始游戏或者让幼儿完成教师的指定任务。任务是使幼儿逐渐掌握跳跃动作的正确蹬地和轻巧落地动作，发展跳跃能力。幼儿跳跃的教学内容和教学要求要根据年级不同逐年提高。跳跃练习要寓于游戏之中，让幼儿感受到跳跃活动的乐趣。

1.原地双脚向上跳

先全班散开做集体练习，待熟练后再一排一排地练习，或围成圆圈，由教师喊数，幼儿一个一个地练习，可增加练习的趣味性。

2.原地双脚向前跳

幼儿可以排成横排一排，在教师的口令下一起向前跳起，也可以排成纵队一个一个练习。教师要及时纠正幼儿的动作问题，对表现动作标准的幼儿也要及时给予鼓励。

3.单脚跳

在幼儿掌握了双脚跳的动作后，就可以尝试练习单脚跳的练习了。还是让幼儿排成横排一排，在教师的口令下一起练习。练习时教师要指导幼儿两脚互换练习。均衡发展双腿的力量和协调能力。

4.跳高摸物

教师事先设置一排或几个吊在高处的小球或者玩偶，让幼儿轮流跳起来用手触物。最重要的是高度合适，可以满足小朋友跳起就能摸到，满足他们的信心和动力。但是太高或者太低都会影响游戏效果。

5.跳绳

幼儿跳绳可以从空绳开始练习。在教师的示范下，让幼儿双手模仿跳绳的动作，原地双脚跳或单脚交换跳；跳跃能力和协调能力特别好的幼儿可以尝试单人跳绳练习。可以一个一个地跳，先练习双脚跳，再练习双脚交换跳，待动作熟练后可以尝试连续双脚跳绳。

三、跳跃的游戏练习

（一）小毛驴

【游戏目标】培养欢乐情绪，振奋精神，增加凝聚力。

【游戏准备】空地、音响设备、《小毛驴》乐曲。

【游戏玩法】2人一组，一个小朋友双臂交叉聚在胸前，另一个名小朋友站在其后，并将双手搭在前面小朋友的双肩上，组成一头"小毛驴"。

教师播放歌曲《小毛驴》：

"我有一只小毛驴我从来也不骑，

有一天我心血来潮骑着去赶集，

我手里拿着小皮鞭我心里正得意，

不知怎么哗啦啦啦我摔了一身泥。

......"

游戏开始时各头"小毛驴"做跑跳步,当唱到第三句时,每头"小毛驴"找上另一只"小毛驴"。双方面对面,一起做挥鞭动作后,站在前面的两个小朋友进行猜拳。输者马上搭在胜者的后面,组成一头稍大的"毛驴"。以此为例,一直进行下去,每只"小毛驴"再去找其他"小毛驴"玩猜拳,直至全体变成了一头"大毛驴",游戏就此结束。

【游戏规则】猜拳的小朋友必须同时出拳,站在后面的小朋友不参与猜拳;整个过程中必须以跑跳步的方式移动

【注意事项】各组"小毛驴"跑跳时保持距离,以免发生碰撞。

(二)夹沙包

【游戏目标】培养合作意识,发展跳跃和躲闪的能力。

【游戏准备】空地、小沙包1只。

【游戏玩法】在地上画一个长9米、宽4.5米的长方形场子,再画一条中线将其分为两个呈长方形的半场。然后教师将幼儿等分成两队,分散站于各自的半场。比赛开始后,一名幼儿用脚夹住一只小沙包跳甩到对方场内,被沙包射中者就退出场地。如此,两队队员来回夹包互射,直至对方无人就算获胜。

【游戏规则】只能用脚夹沙包甩出,不能用手去拿。

【注意事项】双脚夹沙包甩出后注意屈膝缓冲,保持平衡,防止因重心不稳而摔倒。

第五节　幼儿园常见基本动作技能发展——投掷

投掷是人的基本技能，包括抛、推、掷、投等多种形式。学前儿童自日常生活中练习投掷的机会并不多，基本上只有在玩一些球类、飞盘、飞镖等游戏时才会涉及投掷动作。因此，在幼儿园中，可以通过专门的投掷练习加以学习和训练。

一、投掷的基本知识

（一）投掷的意义

投掷也是需要全身参与协调配合的运动形式，主要通过上肢的用力投掷以及腰部和下肢的配合，使之产生加速度的非周期性动作。投掷与走、跑一样，是一种实用的生活技能，也是幼儿喜欢的一项运动。

幼儿运用各种不同类型的器械进行投掷练习，不仅可以激发兴趣，有机会探索和掌握不同投掷物的特点，更重要的是可以增强上肢、腰部、背部等部位的肌肉力量和协调性，使参与投掷的小肌群得到充分锻炼，逐渐熟悉用力的大小、角度等高难度的技术能力，还能有效地促进幼儿视觉运动能力的发展。

（二）投掷动作的种类

1.掷远

掷远也称投远，即将投掷物尽可能投得远一些。掷远练习中锻炼的是幼儿挥臂和甩腕的动作，再进一步，还可以引导幼儿掌握出手角度和时机，进行高难度的投掷动作练习。幼儿掷远动作的练习重点主要是挥臂动作和转体动作。

2.掷准

掷准也称投准，即努力用投掷物击中指定的目标。掷准动作是在掷远动作的基础上增加瞄准的难度，它不仅需要幼儿具有一定的肌肉力量，还需要有良好的目测能力及对动作准确控制能力。对于幼儿来说，先培养他们的瞄准意识，可以用一个较大的标志物作为目标物，让幼儿体会投向目标物的用力大小和角度掌握。

（三）幼儿投掷动作的特点

幼儿在进入幼儿园之前，应该都基本具有了投掷的意识，但是对投掷动作的掌控能力参差不齐。入学后，经过教师的指导和较多的练习，投掷能力会有较好的发展，逐渐地可以掌握传球，接球、拍球、肩上投掷等基本的投掷动作。投掷动作除了手臂和手腕的用力之外，还需要结合蹬腿、转身以及选择投掷的时机问题，因此，需要幼儿经过大量的游戏和练习才能逐渐摸索出掷远和掷准的奥秘。

二、投掷的教学

（一）投掷的教学内容

幼儿园的投掷教学主要以体育游戏的形式呈现较多，比较普遍和常见的投掷练习游戏如4-5所示。

表4-5 幼儿园投掷的教学内容

班级	教学内容
小班	自然地拿轻物（小沙包、小球、小纸镖等）掷远；滚接球；拍球等
中班	抛接球、投球：滚球击物、投掷击物；肩上掷远；打雪仗等
大班	侧身转体肩上掷远；小物体投准、套圈；投篮；投物击打活动的"靶"等

（二）投掷的教学方法

1.滚接球

滚接球就是让两名幼儿在彼此之间练习滚出球给同伴、同伴接球后再滚回的游戏。滚接球游戏中有对幼儿手臂力量的练习、瞄准的练习，以及用力角度的练习等，通过多次游戏，幼儿逐渐具有了一定的球感，也会部分增强腰部和手臂肌群的力量素质。

2.传接球

和滚接球类似，传接球要求幼儿在空中做传球和接球的练习。教师先做动作的示范，然后告诉小朋友们在传接球游戏时的注意事项，用力将球传给自己的小搭档，用力不要太大也不能太小。或者也可以绕成一个圆圈一起练习，一般初次进行传接球练习时优先选择这种方式，这样传接球的效率更高，互动性更强，也方便教师的监督和指导。

3.拍皮球

拍皮球游戏可以发展幼儿的手臂和手腕的力量，以及对力量和节奏感的控制能力。小朋友们可以在操场上独自练习，也可以排成一排或围成圆圈分别练习。

4.投准

和以上几个投掷练习相比，投准练习具有更多的趣味性和互动感。投掷物一般可以选择飞镖、沙包、小球等，目标可以是圆圈、竹筐、篮架等等。幼儿可以一个接一个练习，可以分组练习，也可以以比赛的形式进行练习。

5.打雪仗

下雪时打雪仗除了能锻炼幼儿的身体，还能让幼儿充分认识和感知自然的神奇和魅力。在其他季节也可以组织幼儿玩"打雪仗"的游戏，在开阔的场地上用沙包或小软球充当雪球，让幼儿进行各种投掷跑跳的练习。

三、投掷的游戏练习

（一）传沙包

【游戏目标】发展投准能力和合作性。

【游戏准备】空地、小沙包20只。

【游戏玩法】教师将幼儿每10人组成一组，成一路纵队排列。组员相互之间间隔4米，第一个人脚下放有20只小沙包。教师发令后计时。第一个小朋友蹲下捡起一只小沙包投给第二个幼儿。第二个幼儿接住后将沙包投给第三个幼儿。而此时第一个幼儿又向第二个幼儿投出了第二只沙包。就这样，把20只沙包依次递进传递。当最后一个幼儿接住最后一只沙包时游戏结束，计时结束，换另一组队比赛。也可以两组同时进行，最后，用时最少的队获胜。

【游戏规则】听教师口令传沙包，不得抢传；后面的小朋友只能用手接沙包，若沙包落地，立即捡起。

【注意事项】丢沙包时注意不要打到小朋友的脸部，安全第一。

（二）星球大战

【游戏目标】练习抛球，锻炼手臂力量。

【游戏准备】操场或者宽敞的空地，气球若干，球网。

【游戏玩法】将幼儿分成两组，中间用网隔开，每一边人数相等，气球数相等，听到教师的口令后，幼儿尽力将球从网上方抛到对方的场地上，单手抛、双手抛都可以。听教师的哨声结束。哪个小组投到对方场地的小球多则获胜。

【游戏规则】只能从网上方抛过去，不能从下面或侧面丢过去。

【注意事项】隔网扔气球时避免手臂相互碰撞受伤。

第六节　幼儿园常见基本动作技能发展——钻爬

钻爬能力与人类的生活、生产具有密切的关系。对于幼儿来说，他们对爬的活动非常熟悉，但是对钻的动作也许还较为陌生，因此，可以通过恰当的体育游戏进行锻炼。钻爬能力的提高，不仅可以锻炼幼儿的力量素质，而且还可以提高他们的勇敢、顽强、坚韧等心理素质，对日后的身心发展具有重要的影响作用。

一、钻爬的意义

钻爬是指借助手脚的协调配合动作，是日常生活中实用性较强的全身性的活动技能，也是锻炼身体和提高身体协调能力的良好手段。对于幼儿来说，他们的身体还非常的幼小、柔软，同时协调能力还未得到充分发展，因此非常适合练习钻爬活动。

爬的动作结构，是运用手脚的协调活动，可以向前或者向后，也可以向上或者向下的快速移动。所谓爬上爬下，其实正是幼儿非常熟悉的活动形式。通过爬的动作练习，可以增强四肢和腹背肌肉的力量，发展身体的控制能力、协调能力和平衡能力。

钻的练习主要是增强腿部和腰背部肌肉的力量，发展身体动作的灵敏性和控制能力。经常开展此类游戏活动，能促进幼儿对身体的掌控感，以及增强自我意识和自信心，克服胆怯恐惧的心理。

二、钻爬的动作特点和活动目标

（一）钻爬的动作特点和要求

1.钻的动作特点和要求

钻的动作主要是要求幼儿通过一个限制高度或宽度的较小空间，幼儿必须弯腰、屈膝或者趴下才能穿过障碍物。要完成钻的任务，幼儿要根据障碍物的面积和形状改变身体姿势，以便顺利地通过。

钻的方法一般有两种。

（1）正面钻。要求幼儿以面向障碍物的身体姿态准备练习，然后低头弯腰、屈膝下蹲，或者蜷缩身体，慢慢移动双脚，从障碍物下钻过。

（2）侧面钻。在侧面钻的练习中，要求幼儿身体侧对障碍物，同样需要屈膝、低头弯腰，前腿先从障碍物下伸过，随后将身体重心前移，前腿屈膝，接着后腿跟着钻过。

2.爬的动作特点和要求

爬是指双手双脚着地、双手双膝着地、肘膝着地或身体俯卧着地，同时伴随着身体着地部分的交替向前行进的循环性动作。

常见的适合幼儿发展爬的练习主要有以下两种。

（1）爬软、硬梯的练习。幼儿爬梯练习一般都是徒手进行，且爬梯放置在安全高度，避免幼儿恐高而不敢进行练习，同时在梯子下面做好软垫或塑胶垫的防护工作，即便幼儿不慎摔下也无妨。

（2）爬"山洞"练习。需要借助类似山洞的装置物辅助练习，或者教师可以就地取材，比如木桶、水桶等物品，固定稳妥后，让幼儿钻过木桶或者水桶进行练习。

（二）钻爬动作的活动目标

表4-6　钻爬的活动目标如表

班级	钻的活动目标	爬的活动目标
小班	正面钻、钻过长的障碍物	双手双膝着地爬行、双手双脚着地爬越障碍物
中班	侧面钻、钻过较长的障碍物	双手双脚协调爬行，爬越障碍物
大班	灵活钻过木桶或者水桶	协调地爬越障碍物

三、钻爬的教学

（一）教学任务

学前儿童的钻爬教学任务，具有促进幼儿身体协调性、灵活性发展的作用，同时也能促进幼儿身体各部位肌肉、韧带和内脏器官的有力生长和发育，从而起到提高身体机能、发展力量等身体素质的功能。在教师的示范和鼓励下，引导幼儿用正确的方法钻爬越过障碍物，培养幼儿勇敢、顽强、自信等意志品质。

（二）教学内容及方法

1.爬

可在室内或室外干净的地板或垫子上练习。大部分的幼儿对爬这个动作并不陌生，教师可以和幼儿一起做，还可以在儿歌的背景音乐下，让小朋友们比赛爬行，动作最协调、爬得最快的幼儿获胜。

2.钻

通过教师的示范，让小朋友们逐个进行练习，确保每个幼儿都掌握了钻的正确动作之后，教师引导小朋友们纷纷钻过木桶或者水桶类的障碍物。注意障碍物的圆圈要由大到小，数量要由少到多，逐渐增加动作难度和活动强度。

四、钻爬的游戏练习

（一）小鼹鼠钻地

【游戏目标】练习钻爬，练习反应能力。

【游戏准备】操场或宽敞的空地，边长为10米的正方形布。

【游戏玩法】首先，在游戏前教师将布制作成若干个"地洞"，教师将布拉平，幼儿在地洞下钻，听不同口令钻出手、脚或头等。游戏材料可以由横幅替代。幼儿在地上爬时，可以扮演小鼹鼠，教师发出口令"把手伸出来"、"把脚伸出来""把一只手一只脚伸出来""把头伸出来"等，不断增加难度，增加喊口令的速度，并要求幼儿做的动作不能超过3秒。

【游戏规则】幼儿必须在3秒内做出口令中的动作，否则无效。

【注意事项】幼儿在地上爬时要保持一定距离，以免做动作时相互干扰或碰撞。

（二）小鸡找朋友

【游戏目标】能钻过一定高度的障碍物，发展钻的能力，感受与同伴游戏的快乐。

【游戏准备】操场或宽敞的教室；松紧带或彩绳若干。

【游戏玩法】教师为幼儿创设"找朋友"的游戏情景，让幼儿分别扮演可爱的小鸡小鸭，用松紧带或彩绳2根，搭成小鸡、小鸭的家。然后放《小鸡小鸭》的儿歌做背景音乐。

"小鸡小鸭是好朋友，

早晨都住在自己家里，

听到妈妈的喊声，

马上钻出自己的家，

来到草地上，

找好朋友做游戏，

……"

幼儿钻出来的时候，要求低头，不要碰到家门，游戏开始时请幼儿分别回到自己的家中蹲下准备，听到指令后从家里钻出来，到草地中间找到一个好朋友做游戏。可以先让幼儿模仿小鸡、小鸭走路的动作，在活动过程中观察幼儿钻时低头、弯腰、移动重心的动作发展情况，判断幼儿钻的动作协调性，并做出整体指导和个别指导。

【游戏规则】小朋友听到教师的指令后再钻出来，不得提前出来。

【注意事项】模仿动作时注意安全。

第五章 学前儿童体育游戏之体能发展

对处于生长发育时期的学前儿童来说，拥有强健的体格至关重要，体格强健是学前儿童在不同领域学习和获得发展的基础保证。体格强健主要体现为体能良好，也就是身体素质良好。学前儿童身体素质的培养与训练必须具有针对性，而且培养方式要有一定的趣味性，从而吸引学前儿童积极参与和配合。体育游戏，尤其是体能类游戏对培养与提高学前儿童的身体素质、塑造学前儿童强健的体格具有重要意义。本章重点对促进学前儿童体能发展的体能类游戏进行分析，具体包括促进速度、灵敏、平衡以及力量等身体素质发展的体能类游戏。

第一节 速度素质发展

一、学前儿童速度素质发展概述

速度是人体快速运动的能力，其有动作速度、反应速度和位移速度三种表现形式。发展学前儿童的速度素质，不仅有助于促进其神经系统功能的改善和思维灵活性的提升，而且还有助于促进其肌力的增强，加快肌肉快肌纤维的生长速度，从而使其在运动过程中尤其是速度类活动中动作更快，效率更高。培养学前儿童的反应速度有利于提升智力水平，提高思维的敏捷性和迅速反应能力。

需要注意的是，速度类活动虽然时间不长，但强度较大，能量消耗多，供能方式以无氧代谢供能为主。学前儿童还不具备较强的负氧债的能力，从生理学视角来看，他们进行较长时间快速活动的能力是欠缺的，所以在培养学前儿童的速度素质时，要控制好活动量，避免其快速活动的持续时间过长，否则会有损于体质健康。

二、学前儿童速度类游戏教学指导

（一）运米袋

【游戏目标】发展幼儿的速度素质和身体敏捷性。

【游戏准备】米袋，椅子（作为折返点）。

【游戏玩法】

（1）幼儿把米袋放在胸前。

（2）教师发出"开始"口令，幼儿双手举高快速向前跑，风的阻力能够使米袋贴在胸前。

（3）跑到折返点后手拿米袋跑步返回。

（4）其他幼儿按同样的方法参与游戏。

【游戏规则】听到"口令"再出发，不得抢跑；向折返点跑时手不能扶米袋。

【注意事项】

（1）不能用手和其他身体部位扶米袋跑。

（2）注意控制运动量，跑的时间不要太久。

（3）如果米袋比幼儿大，将米袋裁剪或折叠，以免挡住幼儿的眼睛，使其被绊倒。

（二）滚轮胎比赛

【游戏目标】发展幼儿的快跑能力和调节平衡的能力；培养幼儿的集体意识和规则意识。

【游戏准备】若干轮胎。

【游戏玩法】

（1）4人一组，共6组，各组两两分别迎面位于起点和终点。每组起点线前的第一名幼儿双手扶轮胎站好。

（2）教师发出"开始"信号后，扶轮胎的幼儿推滚轮胎快速前进，到达终点时将轮胎交给本组终点线处的第一名幼儿，自己快速站到终点线后本组的队尾。

（3）接到轮胎的幼儿快速向前滚动轮胎，依此类推。直到所有组都完成任务，最先完成的小组获胜。

【游戏规则】

（1）听到信号后才能出发。

（2）必须到达起点线、终点线后才能将轮胎交给本组另一人，交换的方法没有限制。

（3）不能干扰其他组。

【注意事项】

（1）比赛前先组织滚轮胎练习，幼儿交流滚轮胎的方法，然后再组织小组比赛。

（2）轮胎大小、重量根据幼儿的体能和动作技能水平而定，大小、重量适宜。

（3）在提高阶段组织往返推轮胎接力赛。

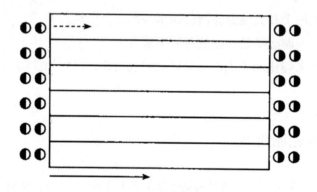

图5-1　滚轮胎比赛

（三）小小猎人

【游戏目标】发展幼儿的协调能力和身体敏捷性。

【游戏准备】橡皮筋，纸球，大竹筐。

【游戏玩法】

（1）固定橡皮筋两端作为弹弓，将纸球放在大竹筐中。

（2）指定一名幼儿扮演"猎手"，其余扮演"猎物"。"猎手"与"猎物"相距5米。

（3）"猎手"在弹弓上放一个纸球，听到"开始"口令后，对准"猎物"

弹出纸球。

（4）"猎物"要躲闪纸球，被打中者出局。

（5）互换角色练习。

【游戏规则】"猎手"听口令后再弹出纸球，每次只能弹出一个纸球。

【注意事项】

（1）将橡皮筋到固定好。

（2）"猎物"躲闪纸球时不要相互推挤。

（3）可以指定多名"猎手"，"猎物"在固定范围内躲闪纸球。

（四）绕跑道

【游戏目标】发展幼儿的速度素质与身体灵敏性。

【游戏准备】若干塑料瓶。

【游戏玩法】

（1）标记两条赛道，每条赛道每隔2米放一个塑料瓶，共5个。

（2）两组分别站在各自赛道的起点线前。

（3）教师发出"开始"口令，每组排头快速起动跑出，绕过所有障碍物（塑料瓶），然后返回站到本组队尾。

（4）后面的幼儿按同样的方法继续练习，直至两组所有幼儿都完成游戏任务。用时少的一组获胜。

【游戏规则】听到口令后再起跑，不得抢跑；每次只能绕过一个障碍物。

【注意事项】

（1）场地开阔，没有障碍物。

（2）跑时要绕过每个塑料瓶。

（3）适时增加障碍物的数量或缩小障碍物之间的距离。

（五）小小急救队

【游戏目标】发展幼儿的速度素质、协调素质；培养幼儿的团结意识。

【游戏准备】长50厘米的竹竿，小球，竹筐。

【游戏玩法】

（1）8人一个队列，共两个队列，竹筐内放4个球。

（2）两个队列的幼儿相对站立，排头各拿竹竿一端，将球放在两根竹竿之间。

（3）两人协力将球运送到对面竹筐中。

（4）运送成功后，一人拿着竹竿返回起点，交给下一人，继续游戏。

（5）起点到竹筐的距离可逐渐增加。

【游戏规则】全程必须保证球在竹竿上，若中途球落地，需原地捡起放到竹竿上再继续。

【注意事项】

（1）检查场地是否安全。

（2）运球、放球、跑的动作要规范、准确。

（3）相互配合，团结一致。

（六）双龙运珠

【游戏目标】发展幼儿的快跑能力与协作能力。

【游戏准备】大米袋，球，小椅子。

【游戏玩法】

（1）将米袋平放在地上，在米袋上放一颗球，小椅子（折返点）离起点15米。

（2）两名幼儿一组，面对面站在米袋两侧。

（3）教师发出"开始"口令，两人同时蹲下，双手抓米袋两侧，站起侧身移动将球运到折返点，然后一名幼儿拿米袋，一名幼儿拿球，两名幼儿快速返回起点。

（4）其他小组按同样的方法练习。

【游戏规则】每组幼儿只能用侧身移动的方式到达折返点；若球中途落地，原地捡起后继续游戏。

【注意事项】

（1）运球时不能用手碰球。

（2）返回时小心被椅子绊倒。

（3）注意控制运动量，跑的时间不能太长。

第二节　灵敏素质发展

一、学前儿童灵敏素质发展概述

灵敏素质是指机体在复杂条件下对刺激做出快速和准确反应的能力、灵活控制身体的能力以及随机应变的能力。运动过程中的起动、急停、躲闪以及身体位置在不同情况下的迅速改变等均可以体现出人的灵敏性。培养学前儿童的灵敏素质，有助于促进其分析器官敏感性的增强和神经系统综合能力、分析能力的提升，并促进其神经系统功能的改善和环境适应能力、应激能力的增强，进而促进学前儿童智力的发展。

人体的灵敏性是一项综合性的身体素质，要增强灵敏性，就需要力量素质、速度素质、柔韧素质以及平衡能力等多种身体素质相互协调、共同作用。所以培养学前儿童的灵敏素质，要与速度训练、柔韧训练以及平衡力训练有机结合起来。

二、学前儿童灵敏类游戏教学指导

（一）向东还是向西

【游戏目标】发展幼儿的灵敏素质。

【游戏准备】在平坦场地画两个间隔12米的大长方形，教师规定一个长方形代表蔬菜，另一个代表水果。

【游戏玩法】游戏开始，所有幼儿站在两个长方形中间。教师喊出一种水果或蔬菜的名称，如"苹果"或"土豆"，所有幼儿快速跑进相对应的长方形内，选得既快又准确的幼儿记1分。反复练习。

【游戏规则】幼儿必须在2秒内做出选择，否则选择无效；选择进入一个长方形后不能再改变。

【注意事项】

（1）教师说出的水果或蔬菜名称必须是幼儿生活中常见的，符合幼儿的认知背景。

（2）可以用动物和植物来代替蔬菜和水果，但要注意动、植物名称是幼儿熟悉的。

（二）请你跟我这样做

【游戏目标】发展幼儿的配合能力、想象力、反应能力以及身体的灵敏性；培养幼儿的规则意识。

【游戏准备】室内室外均可，向幼儿说明游戏方法和规则。

【游戏玩法】

（1）两人一组，面对面站立，猜拳决出胜负。

（2）胜者可以站在原地不动，也可以跑到其他位置，然后任意做出一种动作，同时大喊"请你跟我这样做"。

（3）负者快速跑到胜者面前，做出和胜者相同的镜面动作，同时回复口令"我来跟你这样做"。

（4）其他幼儿继续猜拳决胜负，按相同的方法游戏。

【游戏规则】负者必须边回复口令边做模仿动作；如果动作不一致，需重做，直至动作一致为止。

【注意事项】游戏中，胜方所做的动作必须是常规性的文明行为，表情也是健康文明的，不要做不礼貌的鬼脸。

（三）穿越火线

【游戏目标】发展幼儿的协调性和灵敏性。

【游戏准备】橡皮筋。

【游戏玩法】

（1）两名教师将橡皮筋套在腿上，高度为膝盖附近。

（2）幼儿从起点走向橡皮筋，以跳、跨、爬等方式通过。

（3）逐次增加橡皮筋的数量，每根橡皮筋均由两人固定，高低参差不齐，让幼儿跨过、跳过或爬过橡皮筋。

【游戏规则】只能用跨、跳、爬三种方式通过橡皮筋，不得从侧边绕过。

【注意事项】橡皮筋不要拉得太紧；注意橡皮筋应处于可以使幼儿跨过或跳过的高度。

（四）换位

【游戏目标】培养幼儿的集体意识、互动能力；培养幼儿的方位感和灵敏性。

【游戏准备】室内室外均可，向幼儿说明游戏方法和规则。

【游戏玩法】

玩法一：

（1）教师组织大家围成一圈，两人一组，教师站在圆中心，用两种不同的角色（如"苹果"和"香蕉"）区分各组的两名幼儿。

（2）游戏开始，教师说"苹果"，此时所有扮演"苹果"的幼儿快速从同伴的身后绕到同伴的另一侧。

（3）教师接着说"香蕉"，所有扮演"香蕉"的幼儿快速从同伴身后绕到另一侧。

（4）按上述方法重复进行。

玩法二：

（1）两人一组，用两种不同的角色（如"苹果"和"香蕉"）区分各组的两名幼儿。扮演"苹果"的幼儿站在扮演"香蕉"的幼儿身后。

（2）教师喊出"苹果"，扮演"苹果"的幼儿快速从同伴后面绕到其前面站立。或者教师喊出"香蕉"，扮演"香蕉"的幼儿快速从前面绕到同伴后面站立。

（3）反复进行游戏。

玩法三：

（1）大家围成一圈，两人一组，教师站在圆中心，用两种不同的角色（如"苹果"和"香蕉"）区分各组的两名幼儿。

（2）教师发出"苹果互换"的口令，各组扮演"苹果"的幼儿随机换位。

（3）教师发出"香蕉互换"的口令，各组扮演"香蕉"的幼儿随机换位。

（4）反复进行游戏。

【游戏规则】幼儿必须按教师的口令指示完成换位动作。

【注意事项】可以通过变化口令增加游戏难度；选择幼儿熟悉的口令，如颜色、方位、数字等。

（五）小鱼跳龙门

【游戏目标】发展幼儿的下肢力量、反应速度和身体灵敏性。

【游戏准备】皮筋。

【游戏玩法】

（1）幼儿成两列纵队站立，各队前后之间相距一肩距离，两队之间保持2米间距。

（2）各组任选两名幼儿，把皮筋系在他们内侧腿上，两名幼儿与本组其他人迎面而立。

（3）系皮筋的幼儿听教师口令同时向前跑到对面本组的排头前，站在排头的幼儿快速跳过皮筋，其他幼儿依次跳过皮筋。

（4）反复进行游戏。

【游戏规则】只能跳过皮筋，不能跨过。

【注意事项】皮筋的高度根据幼儿的身高和跳跃能力而定；随着幼儿跳

跃能力的提高，可适当增加皮筋高度。

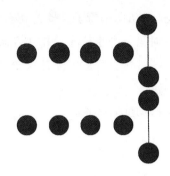

图5-2 小鱼跳龙门

（六）开火车

【游戏目标】培养幼儿的团队意识；发展幼儿的力量、协调性和灵敏性。

【游戏准备】若干粗毛线圈、板凳。

【游戏玩法】

（1）画5条长10米的线，线上均匀放若干板凳作为障碍物。

（2）两人一组，共用一个毛线圈，毛线圈套在一名幼儿腰上当作火车头，另一名幼儿在后面抓住毛线圈，变成一列小火车，小火车自由行进，避开障碍物。

（3）火车前进的速度不断加快，跑动中避开障碍物。

（4）听口令更换火车头。

（5）按教师指定的行进方向继续游戏。

【游戏规则】按教师指定的方向行进，不得随意变换方向。

【注意事项】用粗毛线，以防断掉；游戏中不要相互推挤。

（七）跨栏

【游戏目标】发展幼儿的身体灵敏性与协调性。

【游戏准备】小椅子，彩带。

【游戏玩法】

（1）在一个方向上均匀摆放6把小椅子，椅背朝右。

（2）幼儿排成一队，正对第一把小椅子，排头左脚抬起踩在小椅子上单腿支撑，右脚抬高跨过小椅子。按这样的方式依次跨过所有小椅子。

（3）后面的幼儿依次前进。

【游戏规则】幼儿必须用一脚在凳子上，另一脚跨过的方式跨过所有障碍物，不得跳过或绕过。

【注意事项】

（1）前后两名幼儿之间的距离适宜。

（2）开始时放慢速度，小心摔倒。

（3）教师做好保护与帮助工作。

第三节　平衡素质发展

一、学前儿童平衡力发展概述

平衡能力指的是在任何变化的条件下，身体保持相对稳定的能力。平衡素质是非常重要的一项身体素质，对其他身体活动能力的发展具有直接的影响。

学前儿童在3岁以前平衡力相对较差，3～4岁后在独立走、跑、跳跃或躲闪障碍等身体活动中可以维持较好的平衡性。但当幼儿在快跑中急停、急转弯或从高处向低处跳下时，有时会因为身体重心不稳，失去平衡而摔倒。幼儿在狭窄的路面上或平衡木上行走时，常常低头、耸肩，身体摇晃，步子很小，这主要是因为缺乏良好的身体平衡性。此外，幼儿单脚站立也无法坚持较长时间。

学前儿童的平衡能力随着年龄的增加而快速发展，5～6岁幼儿的平衡能力明显比3～4岁幼儿的平衡能力强，主要表现为可以用正确的姿势走平衡木，在平衡木上两脚交替向前迈步，身体放松，重心稳定，动作协调，整体看上去很轻松，而且走平衡木时上肢还能做一些动作，不会影响正常行走。此外，在其他活动中，他们也能灵活调整自己的身体姿态，保持重心的平稳，能很好地控制平衡，不易摔倒。经过训练的幼儿在骑自行车、滑冰、轮滑等对平衡能力要求较高的运动项目中也能很好地控制平衡，满足运动需要。总之，学前儿童随着年龄的增长，平衡能力也越来越强。此外，在一些对平衡能力要求较高的运动中，幼儿的抗眩晕能力有时超过成人。

体育游戏可以培养与提高学前儿童的平衡能力，而通过对平衡能力的培养与训练，有助于促进学前儿童运动神经功能的改善和思维灵活性的增强，从而提高他们敏锐快速的反应能力。平衡性游戏练习还可以使学前儿童好奇、好动的需求得到满足，能够对他们顽强、勇敢的意志品质加以塑造，促进其身心健康，智力发展，使其拥有良好的身体稳定性、协调性以及较强的环境适应能力。

从学前儿童的身心发展规律、动作发展特点来看，对其平衡素质的培养要有计划、循序渐进地进行，采用各种丰富有趣的体育游戏和动作方法来提升他们的平衡能力。具体而言，在学前儿童平衡能力培养中要注意以下几点基本要求。

第一，采用体育游戏活动培养学前儿童的平衡能力时，要注意身体姿势的正确性、相关基础身体素质的发展，还要引导其克服不良心理，如自卑、胆怯、过度紧张等，从而使他们变得更加坚强、勇敢，做到临危不慌，灵活应变。

第二，培养学前儿童的平衡能力时，主要进行动力性平衡练习，将平衡能力的发展融入各项基本动作的练习中，并根据具体运动项目的需要来发展相应的平衡能力。也可以适当地进行静力性平衡练习，但注意控制练习的次数和时间。

第三，循序渐进地培养学前儿童的平衡能力，如练习动作从单一到多元，从简单到复杂，从容易到高难；使用的器械在重量上由轻到重，在高度上由低到高，在形状上由宽到窄；旋转练习的次数由少到多，速度由慢到快，不断增加难度和要求，切忌急于求成，以免使练习者产生心理障碍和发生意外事故。

第四，学前儿童参与体育游戏，尤其是平衡类体育游戏，必须集中注意力，在精神饱满、体力充足时参加游戏，如果身体疲劳，就要停止活动，以免因身体控制力差而摔倒受伤。进行器械类平衡游戏练习时，教师要站在一旁给予帮助和保护，确保每个孩子的安全。

第五，善于从自然环境中挖掘平衡类游戏素材，使学前儿童在不断变化的自然条件下锻炼平衡能力，这有助于吸引学前儿童的参与兴趣，使其将注意力集中在环境上，克服心理紧张。

二、学前儿童平衡类游戏教学指导

（一）吹球

【游戏目标】发展幼儿的平衡能力；向幼儿渗透水的浮力等基本知识。

【游戏准备】小水桶（放一个小塑料球），大水桶（装有水），水碗，方积木（或木板）。

【游戏玩法】

（1）3名幼儿一组，站在起点线后，排头手拿一个水碗。

（2）听到教师发出的开始信号后，排头拿水碗从大桶里舀满水，然后双手端着水碗踩着积木行进，将水倒入小桶里，跑步返回。

（3）第一名幼儿把碗交给第二名幼儿，拿到碗的幼儿按同样的方法进行游戏。

（4）循环练习，直到小桶的水满了之后，塑料球飘起来，用嘴将球吹出。

（5）记录每组完成游戏任务所用的时间，用时少的一组获胜。

【游戏规则】等待的幼儿必须站在起点线后；只有小桶里水满了才能

吹球。

【注意事项】

（1）可以规定幼儿两手各端一个水碗，以增加难度。

（2）木板排列形式可以根据情况变换。

（二）送小猪回家

【游戏目标】发展幼儿的平衡能力。

【游戏准备】独轮小推车，绒布小猪。

【游戏玩法】

（1）将幼儿分成人数相等的两队，每队分成A、B两组，在距离10米处面对面站好。每队A组第一名幼儿手推小车（车上放着一个绒布小猪）做好准备。

（2）教师说："小猪要回家，我们去送它，路窄、地滑，一定要扶稳把，别害怕。"此时，手推小车的幼儿沿小路推独轮车，走到对面把小车交给B组第一名幼儿，自己站到B组队尾，B组幼儿按同样的方法游戏。

（3）所有人都完成任务后游戏结束，最先完成任务的队获胜。

【游戏规则】

（1）推小车不能走别人的路线。

（2）小车倒地后，站起来将绒布小猪重新放入车内，继续前进。

【注意事项】推车时保持平衡，小心摔倒。

（三）后退独木桥

【游戏目标】发展幼儿的身体平衡能力。

【游戏准备】场地布置如图5-3所示。

【游戏玩法】

（1）将幼儿分成两队，分别站在起点线后。

（2）听到教师喊"预备"时，所有人同时向后转，背对"河岸"。

（3）听到教师喊"出发"时，两队分别沿自己的路线向河岸倒退走。先到达河岸的队获胜。

【游戏规则】

（1）听到"出发"信号时才能起动。

（2）后退时不能踩线。

（3）不能相互干扰。

【注意事项】各队前后保持一定的距离，以免发生碰撞。

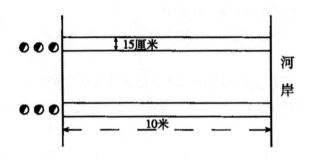

图5-3　后退独木桥

（四）猜猜转向哪方了

【游戏目标】发展幼儿的平衡力和身体重心的控制力；培养幼儿诚实的良好品质。

【游戏准备】在户外游戏，教师向幼儿讲解游戏规则与方法。

【游戏玩法】

（1）幼儿站成1列纵队，辨认东、西、南、北四个方向。

（2）听信号闭眼转圈。停止转圈后，不能睁眼，教师任意点名，要求说出前面的方向。

（3）也可以规定转圈过程中停下来的方向，如面向东停，看幼儿是否能在正确方向停下来。

【游戏规则】小朋友要按要求转够次数，不能少转；转圈过程中以及答出问题前不能睁眼。

【注意事项】转圈次数不宜太多，防止摔倒。

（五）好朋友在哪里

【游戏目标】发展幼儿的平衡力。

【游戏准备】蒙眼布。

【游戏玩法】

（1）所有幼儿围成一个大圈，一名幼儿站在圆圈中间，蒙眼。

（2）圆圈中间的幼儿大声说一名幼儿的名字，被点名的幼儿大声说："我在这里！"

（3）圆圈中间的幼儿循着声音去找被叫到名字的小朋友。如果成功找到，则互换角色。

【游戏规则】蒙眼的幼儿中途不能擅自将蒙眼布摘下，也不能故意用缝隙偷看；被找的幼儿可以发出声响进行提示。

【注意事项】蒙眼找人要注意安全，防止摔倒；蒙眼的幼儿可以先原地转三圈后再去找小朋友，以增加游戏难度。

（六）少林武功

【游戏目标】发展幼儿的上肢力量和身体平衡能力；培养幼儿的顽强品质。

【游戏准备】平衡木，方砖块，装水的小桶。

【游戏玩法】

（1）幼儿扮演"小和尚"，每人两手各提一只小水桶，两臂在体侧平举。

（2）幼儿依次走过均匀摆放的若干方砖，再走过平衡木，到达终点后再返回，尽量避免小桶的水洒在地上。

【游戏规则】

（1）提水桶行进时，要求身体正直，目视前方。

（2）若中途水桶掉落，返回起点重新开始。

【注意事项】

（1）水桶的水不要太满。

（2）可以组织往返跑接力赛。

（七）斗鸡

【游戏目标】发展幼儿的平衡能力。

【游戏准备】画一个半径0.5米的圆形场地。

【游戏玩法】两名幼儿面对面在圆形场地中，一腿屈膝提起，单脚站立，两臂向前平举互相推掌、躲闪，目的是使对方失去平衡，脚落地，或将对方推出圆圈。

【游戏规则】不得抢先推人；不得任意换支撑腿；双方只能在圈内推闪。

【注意事项】互相推掌时不能太用力，防止将对方推倒。

（八）保护小球

【游戏目标】培养幼儿的身体平衡能力、手眼协调能力。

【游戏准备】毛线球，硬纸板，小凳子（障碍物）。

【游戏玩法】

（1）将幼儿分成2~4队，在起点线后排队做准备。

（2）各队排头手拿纸板，将毛线球放在纸板上，双手端平。

（3）幼儿听口令端着纸板向终点方向行进，注意控制身体平衡，绕过所有障碍物，到达终点后，转身返回，起点到终点大约10米。

（4）返回起点的幼儿将纸板交给下一人，下一人按同样的方法练习。

（5）最先完成游戏任务的队伍获胜。

【游戏规则】幼儿必须绕过每个障碍物，若中途球掉落，原地捡起放在纸板上继续游戏。

【注意事项】

（1）注意场地安全。

（2）手拿纸板的高度适宜，不要挡住视线。

（3）安全通过障碍物，防止摔跤。

（九）过小山

【游戏目标】增强幼儿的平衡感；培养幼儿的勇敢品质。

【游戏准备】小椅子。

【游戏玩法】

（1）小椅子两个一组背靠背，形成"小山"，每个小山之间保持适宜的间距。

（2）幼儿面对第一组椅子，双脚站在小椅子上，一腿抬起跨过椅背组成的"小山"，另一腿随之跟进，依次跨过所有"小山"。

（3）所有幼儿依次进行游戏，相互保持适当的距离。

【游戏规则】幼儿只能采用两脚依次跨过的方式跨过"小山"。

【注意事项】各组椅子之间的距离宜近一些；不要追求游戏速度，以安全为主。

第四节　力量素质发展

一、学前儿童力量素质发展概述

力量是人的五大身体素质（力量、速度、耐力、柔韧、灵敏）中最基础的组成部分，是人体运动的基础。力量素质指的是人体肌肉收缩时表现出来的能力或肌肉克服阻力的能力。

学前儿童力量素质的发展特点主要从肌肉力量和爆发力两个方面体现出来。

（一）肌肉力量

某种意义上而言，身体的运动过程也是肌肉的运动过程，肌肉力量是肌肉活动的基础条件。学前儿童肌肉中水分的比例较大，肌纤维比较细小、柔嫩，所以尚未储备很多的能量，肌肉力量较弱。因此，要促进学前儿童肌肉组织功能的增强，就必须通过参与各种身体运动来锻炼力量素质。力量素质的发展也能够为其他身体素质的培养与发展打好基础。

在学前儿童力量素质训练中，应以动力性力量活动为主，从而促进动力性力量的发展和肌肉组织功能的增强。在走、跑、跳、投、攀登、钻爬等动力性力量活动中，当身体处于运动状态时，肌肉交替放松与收缩，避免了肌肉长时间处于紧张状态。学前儿童参加动力性力量活动，相关部位肌肉收缩与放松交替进行，从而完成各种动作，同时也促进了肌肉组织的发展。

学前儿童参加不同的动力性力量活动能够锻炼不同部位的肌肉力量。如通过跑步和跳跃，能够促进腿部肌肉力量的增强；通过投掷沙包，能够促进上肢及腰背肌肉力量的发展。学前儿童应该多参加一些不同的动力性力量活动，促进各部位肌肉力量的全面发展。

（二）爆发力

肌肉瞬间收缩时产生的力量就是爆发力。人参与跑、跳跃、投掷等基本活动，都离不开良好的爆发力，这是一个非常重要的动力来源。爆发力是力量与速率的结合，人体运动中爆发力的大小主要由工作肌群的力量、收缩速度以及协调性所决定。学前儿童的爆发力大小通过立定跳远进行测试。

研究表明，3岁以前，男孩和女孩的爆发力没有明显差异，3岁开始差异渐渐比较明显，男孩的爆发力优于女孩。随着年龄的增加，差距也不断加大，如图5-4所示。

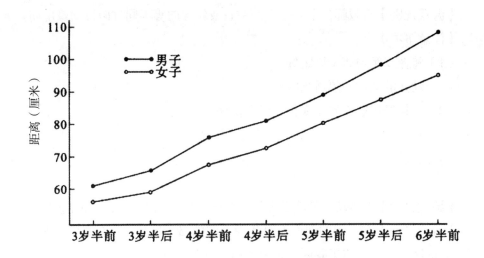

图5-4　学前儿童立定跳远研究图[①]

二、学前儿童力量类游戏教学指导

（一）我是大力士

【游戏目标】发展幼儿的手臂力量。

【游戏准备】长1米的橡皮筋，若干空饮料瓶。

【游戏玩法】

（1）将橡皮筋分别套在两个瓶子的中间。

（2）幼儿用手握住饮料瓶的中间，双手合拢置于胸前。

（3）幼儿双手拉动橡皮筋，可以向上下、左右或斜方向拉。

（4）幼儿用脚踩住一边的饮料瓶进行固定，用手上下拉动橡皮筋。

---

① 方学虹，朱海鸣.幼儿园体育游戏活动设计[M].成都：四川大学出版社，2014.

【游戏规则】听教师口令向上下、左右或斜方向等不同方向拉动橡皮筋。

【注意事项】

（1）将橡皮筋与瓶子固定好。

（2）幼儿的站位间隔适当的距离。

（3）手拉橡皮筋不要拉太长，以免受伤。

（二）跳房子

【游戏目标】发展幼儿的腿部力量和跳跃能力；培养幼儿的规则意识。

【游戏准备】在平坦的地面上画各种不同的格子图形（图5-5），不同图形代表的跳法不同，格子界限一定要清晰。

【游戏玩法】

（1）教师讲解、示范各种跳房子的玩法。

（2）幼儿站在第一格线外，将小沙包投入第一格，单脚跳到第一格，按照格子的顺序，逐格跳到最后一格，返回，到第一格时将小沙包踢出格子外，回到起点。然后将小沙包投入第二格，按同样的方法跳。在不犯规的情况下先跳完者获胜。

（3）还有另外一种玩法，幼儿站在第一格线外，将小沙包投进第一格，跨进第二格，单脚跳进第三格，双脚跨跳第四、五格，再单脚跳第六格，双脚跨跳第七、八格，单脚跳进第九格，转身依次返回，至第二格时，单脚站立，单手捡起小沙包跨出第一格。然后再将小沙包投进第二格，按同样的方法练习。在不犯规的情况下先跳完者获胜。

【游戏规则】按照规定顺序跳；脚不能压线或出格。

【注意事项】跳的过程中保持身体平衡，防止摔倒。

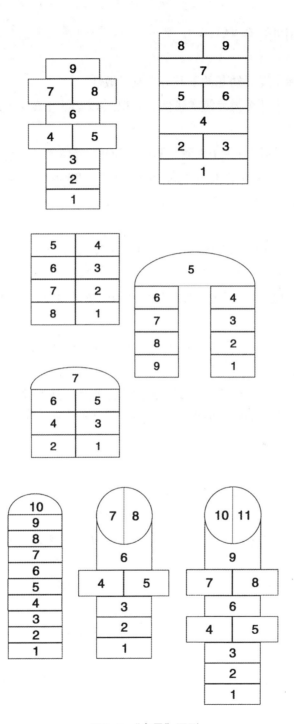

图5-5 "房子"图形

（三）相同的色彩

【游戏目标】发展幼儿的下肢力量及灵敏性。

【游戏准备】两个大笤筐（较低、面积大），若干五颜六色的海洋球。

【游戏玩法】

（1）幼儿共同围成一个大圈，圆圈中间放一个大笤筐，筐内放入五颜六色的海洋球。大圈外围也有一个固定的大笤筐，里面放各种颜色的球。

（2）幼儿绕圈行走，每个人当走到圈外固定筐的位置时顺手拿一个海洋球。

（3）教师大声发出口令，如"红色交换"，手拿红色球的幼儿快速跑到圈中间大筐处将手中的球与筐中的红色海洋球交换，再跑步返回队伍。

（4）幼儿继续绕圈行走，教师发出其他颜色的口令，按同样的方法进行游戏。

（5）幼儿按顺时针方向传递手中的海洋球，3分钟后再次进行上面的同颜色球替换游戏。

【游戏规则】听口令交换指定颜色的球，若拿到其他颜色的球则无效。

【注意事项】绕圈行走时保持一定的间距，以防转身跑时互相碰撞。

（四）高尔夫

【游戏目标】发展幼儿的手臂力量和协调能力。

【游戏准备】PVC管（长90厘米），空饮料瓶，纸球，两把椅子。

【游戏玩法】

（1）把PVC管装在饮料瓶上，用胶带固定，当作"高尔夫球杆"。两把椅子间隔5米，分别代表起点和终点。

（2）教师发出"开始"口令，第一名幼儿握住球杆用力挥动将纸球打向终点的椅子处。

（3）幼儿跑到终点捡球，返回起点，将球杆交给第二名幼儿，拿到球杆的幼儿按同样的方法进行游戏。

【游戏规则】幼儿听口令挥杆打球，不能抢打。

【注意事项】面向终点打球；挥动球杆时观察周围是否有其他小朋友，以免打伤他人。

（五）我是特种兵

【游戏目标】发展幼儿的四肢力量及协调能力。

【游戏准备】大塑料瓶（5升），PVC管（长1.2米），体操垫。

【游戏玩法】

（1）把PVC管放在两个塑料瓶上，用胶带固定，架在体操垫上空。

（2）引导幼儿在体操垫上匍匐爬。要求上腹部贴地，屈蹬腿时，腿部内侧用力，手脚左右交替协调用力爬行。

（3）教师讲解匍匐爬的动作要领，使幼儿边爬边体会。

【游戏规则】匍匐爬的动作要符合要求，不能用其他方式爬。

【注意事项】幼儿应穿比较宽松的运动装；注意清理地上的杂物，以免伤到幼儿。

（六）青蛙跳跳跳

【游戏目标】发展幼儿的力量素质及身体协调性。

【游戏准备】大的体操垫。

【游戏玩法】

（1）教师组织幼儿在垫子上轮换练习青蛙跳。

（2）幼儿跪立在垫子上，双腿间距稍宽于肩，双手及前臂支撑，抬头，重心向下、向后，目视前方。

（3）向前跳跃时，大小腿快速展开，重心向上、向前移动，使整个身体尽量都离开垫子。

（4）按上述方法跳到终点。

【游戏规则】按要求进行游戏；只能以蛙跳的方式到达终点。

【注意事项】准备时重心尽量向下、向后移动；跳跃时重心尽量向上、向前移动。

（七）黑白配

【游戏目标】发展幼儿的下肢力量及反应能力。

【游戏准备】画一个连线的五角形场地，如图5-6所示。

【游戏玩法】

（1）3人一组，每人随意站在五角形中的一个顶角处，但三人要站在不同的顶角。

（2）做"黑白翻掌"的游戏。三人在胸前同时击掌两次，一起喊"1、2、3"，喊"3"时伸出一只手，掌心向上为"白"，掌心向下为"黑"，出掌后，手掌朝向不同的一人为胜，手掌朝向相同的两人为负。

（3）负者先跨出一步，站在邻近的一个黑点处，然后胜者再跨出一步，站在邻近的黑点处。

（4）再次翻掌决出胜负，再跨一步站在最近的一个黑点处。

（5）按上述方法反复练习，当胜方和负方踩到同一黑点时，游戏结束。

【游戏规则】

（1）每次变换位置只能跨一步到邻近黑点。

（2）每次决出胜负后，每人都要换位，负者先换位，胜者后换位，给胜者较多的思考时间。

【注意事项】喊出"3"时要同时伸出手，不能故意延迟。

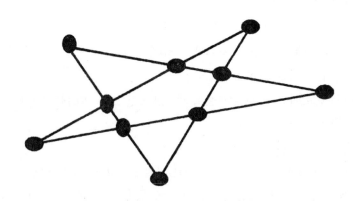

图5-6　五角形场地

（八）小兔跳跳

【游戏目标】发展幼儿的下肢爆发力、跳跃能力和平衡能力。

【游戏准备】两条长绳。

【游戏玩法】

（1）将两条绳子平行放在地上，间隔25厘米，变成"二"字形。

（2）幼儿站在绳子一侧。

（3）教师喊"1、2、3"，幼儿听到"3"后，两腿并拢跳起越过前方的两根绳子。

（4）反复跳几次，逐渐增加绳子之间的平行距离。

（5）单脚跳和双脚跳交替进行。

【游戏规则】按单脚跳、双脚跳、单脚跳、双脚跳……的顺序跳绳，不能连续两次使用相同的跳法。

【注意事项】

（1）检查场地是否安全。

（2）注意起跳时的摆臂助力与落地时的屈膝缓冲。

（3）防止幼儿之间相互推、拉、挤。

（九）小牛拉车

【游戏目标】发展幼儿的上肢力量。

【游戏准备】麻袋，椅子，秒表。

【游戏玩法】

（1）3人一组，在起点前，一名幼儿坐在麻袋上，双手将麻袋两侧紧紧抓住，其余两名幼儿在前面拉着麻袋。正前方8米处有一把椅子，其为折返标记物。

（2）教师发出"开始"口令，两名幼儿拉着麻袋出发，到达折返点的椅子位置时，换一名幼儿坐在麻袋上面抓紧麻袋两侧，另外两名幼儿在前面拉麻袋，然后返回起点。

（3）各组按同样的方法练习，记录各组完成的时间。

【游戏规则】听到口令后再出发，不能抢先出发；用时最少的组获胜。

【注意事项】

（1）坐在麻袋上的幼儿保持身体平衡，防止摔倒。

（2）拉麻袋的幼儿注意脚下的路，防止被绊倒。

第六章 学前儿童体育游戏组织与指导

　　学前儿童体育游戏的组织是学前儿童体育教学的核心工作，决定幼儿的身心健康发展的程度，因此必须给予足够的重视。本章将对学前儿童体育游戏组织与指导的原则、小班体育游戏的组织与指导策略、中班体育游戏的组织与指导策略和大班体育游戏的组织与指导策略着手，希望对有关学前儿童体育游戏教学的组织工作进行全面的、透彻的梳理和研究。

第一节　学前儿童体育游戏组织与指导原则

学前儿童体育游戏组织与指导中应该贯彻以下几项基本原则。

一、面向全体与重视个体差异相结合的原则

教师在组织指导幼儿体育游戏时，既要考虑全体幼儿的兴趣、爱好和现有发展水平，又要重视那些对一般活动感到困难或是一般活动不能满足他们的运动诉求的幼儿，加强个别指导或设置不同难度水平，真正让每个幼儿在不同水平上都得到发展和提高。

例如，在"小马运粮"的游戏中，教师可以将小河的宽度设置成正常宽度、较宽或较窄宽度。让幼儿先跳正常宽度，在这个过程中教师进行观察指导，再通过练习时段让幼儿自由选择适合自己的宽度，对能力较差的幼儿，教师要积极鼓励、引导，并同他一起跨过较窄的小河。

二、安全与卫生教育相结合的原则

《幼儿园教育指导纲要》中的健康教育强调要教育幼儿讲卫生、爱清洁，提高幼儿的个人卫生和自我保护意识和能力。在组织幼儿体育游戏前，教师应做到：

（1）了解每个幼儿当日的健康状况，如有不适，应采用暂停游戏或减少游戏时间等措施，

（2）对游戏的场地、器材及时进行检查，排除不安全因素。

（3）密切观察幼儿游戏时的运动状态，特别要注意自我控制力较差或容易冲动的幼儿，以及运动能力不灵敏、不协调的幼儿，如发现危险动作，则要及时提醒或运用保护帮助的方法，防止事故发生，做到规范、有序地开展体育游戏。

三、直观模仿与启发思维相结合的原则

在幼儿体育游戏的组织与指导中，教师要运用直观、形象生动的肢体语言和讲解，结合优美正确的动作示范，注意培养幼儿的观察力、注意力、记忆力、想象力、创造力、交往能力、合作能力以及规则意识等。引导幼儿进行直观模仿的同时能够积极思维。通过模仿使幼儿的视觉神经和肌肉本体感觉同时"进行工作"，从而使幼儿尽快熟悉游戏的内容，掌握游戏的方法和规则，便于理解记忆。在体育游戏的过程中，使幼儿的思维、品德都得到有效的锻炼与提高。

四、教师主导与幼儿主体相结合的原则

体育游戏的参与者是幼儿本身，对幼儿来说，他们的自控能力还比较薄弱，需要教师进行引导指导。教师通过环境创设、场地教具的布置与选择、讲解与示范、点评与鼓励、亲切的教态等方法能有效地激发幼儿参加体育活动的兴趣，使之积极主动、情绪愉快地参加到游戏中来。同时在体育游戏中教师应理解幼儿的各种想法、顾及每位幼儿的感受，支持、鼓励他们大胆探索，充分发挥他们在体育游戏中的主动性、积极性和创造性，使幼儿真正成为游戏活动的主体。

五、适宜的运动负荷与人体生理机能变化规律相结合的原则

运动负荷是指进行身体运动时，人体所承受的生理负荷和心理负荷的总和。影响运动负荷的生理和心理因素主要有运动强度、时间、数量、动作完成质量、练习密度、活动项目特点等。影响心理负荷的因素还有练习的难度和重复次数，教师的教态、教法，以及环境、气候、教具等。

由于幼儿的身体机能水平和个体差异，相同的练习对不同的孩子会产生不同的影响。教师应选用适合不同年龄幼儿的游戏，并运用引导、启发、鼓励等方式，使幼儿对体育游戏活动产生并保持兴趣。在游戏过程中，要遵循人体生理机能活动变化规律，逐渐调整改变运动负荷。教师应精讲多练消除不合理的等待现象，尽可能运用共同活动、鱼贯活动等形式，增加实际活动时间，保证幼儿有充足的活动时间。另外，在游戏过程中，教师还要密切观察幼儿的脸色、汗量、呼吸频率、动作协调性等，及时运用增减休息、点评、改变练习方式等来调节活动量，使幼儿的运动负荷始终处于适宜状态。

第二节　小班体育游戏的组织与指导策略

一、小班体育游戏的特点

小班幼儿刚刚进入幼儿园，懵懵懂懂地开启了他们漫长的儿童成长期的早期阶段。在生理发展方面，小班幼儿的脑部结构已经基本成熟，在身高、体重等方面的生长速度相比2岁之前有所减缓，每年身高可增长8～10厘米。在小班阶段，幼儿的睡眠时间有所减少，脑的机能逐渐发展起来。

在心理发展方面，小班幼儿开始发展出与他人交往的需求，以及对主动性的身体活动的欲求。比如，和早期相比，此阶段的幼儿会时常表现出不合作的行为，他们开始有了独立活动的意识，开始用沉默、退缩或身体的抗拒来拒绝成人的要求。他们对周围的世界充满好奇，模仿是他们的一种主要表达方式。他们很容易被新鲜事物吸引注意力，但他们的注意力也很快又为其他事物而转移，一般只能维持3~5分钟，这是典型的无意注意。他们的记忆也是以无意记忆和机械记忆为主。他们还喜欢想象和模仿，喜欢扮演类的游戏，也经常会沉浸在"自编自演"和"自说自话"的想象剧情中游戏。在进入幼儿园之后，他们的活动范围扩大了，生活中一下子出现许多新的交往对象，这对于他们而言是一项非常重大的改变，需要花费许多能量以及努力去适应和学习。

由于在此阶段的幼儿其身体机能尚未成熟，免疫力水平也较低，因此，非常容易被各种传染性疾病所感染。进入幼儿园的小朋友实际上是从家庭这一较为单一的生活场景进入集体生活场域中。与此同时，他们在户外的活动时间也有所增加，这些也会增加感染疾病的可能性。因此，幼儿小班的体育教学活动就显得非常重要。通过科学合理的课程安排，包括安排以锻炼幼儿的走步、跑步、跳跃和钻爬等基本动作为目的的体育游戏，可以很好地发展幼儿的身体素质，促进他们的骨骼、肌肉、心肺等器官的生长与发育，进而达到增强幼儿体质的目的，增强幼儿的体质并提升他们的免疫力。

小班幼儿的身体动作发展非常快，他们能够很快就掌握具有一些走、跑、闪避、拐弯、减速等动作，而且也已经掌握了一些精细动作，但是他们此时的动作还不够熟练和协调，动作水平也不高，还需要进一步地加强练习。

二、小班体育游戏的指导策略

根据小班幼儿的生理和心理发育特点，可以选择和安排相适宜的体育游戏进行教学，既能满足幼儿的成长需要，也能提高教学效果。小班幼儿正处于喜欢模仿的阶段，利用这一特点，教师可指导他们多进行一些模仿动物的体育游戏。

同时，由于小班幼儿在做基本动作的时候还存在不够熟练的问题，教师可以就此加强对他们在走、跑、跳、投掷、转、爬等方面的游戏练习，从而提高他们的动作灵活性。当然，每个幼儿的成长发育速度不同，教师在指导的过程中要注意把握因势利导的教学原则，要根据幼儿的个体特性进行教学。除了锻炼幼儿的动作能力之外，教师还应留意幼儿的心理发展，在游戏的过程中，应多鼓励、少批评，让小班幼儿多多体会获得成功的经验，呵护他们的求知欲和好奇心，保护他们尽可能多地收获正向的积极体验，从而对培养幼儿的心理健康、性格品质都做好充分的准备。

三、小班体育游戏示例

（一）去大峡谷看瀑布

【游戏目标】锻炼钻爬能力。感受手膝着地爬行的乐趣，提高手脚的协调性。培养探索精神和勇于克服困难的精神。

【游戏准备】室内或者户外平坦的场地。垫子若干，木桶若干，拱门若干，平衡凳若干。

【游戏玩法】教师让小朋友们站成一个纵队，并把双手搭在前面小朋友的肩上，成为一列"小火车"。教师用语言引导"小火车"的行进方向，即去往大峡谷。当进入大峡谷的时候，教师指导小朋友们松开手，然后分别钻过"山洞"（拱门），然后火车经过一条绕着群山（小木桶）穿行的铁路，小朋友们需要绕着走才能穿过这些山峰。接着"小火车"进入小山坡（由垫子和平衡凳铺设的山坡），最终到达了大峡谷，教师可以邀请小朋友们抬头欣赏"瀑布"，并"拍照留念"。

【游戏规则】整个过程在教师的指导下集体完成游戏，不得擅自行动。

【注意事项】游戏过程中幼儿不要推挤，注意安全。

（二）去海边捡海螺

【游戏目标】锻炼幼儿的钻爬能力，以及协调能力。

【游戏准备】室内或户外宽敞、平坦的场地均可。垫子若干，呼啦圈若干，小海螺或者小球若干。

【游戏玩法】教师应提醒幼儿，在去"海边"的路上会经过许多的小山洞和小山坡，小朋友们要勇敢地克服困难，最终就会来到海边，捡到美丽的海螺。在教师语言的引导下，小朋友们先是钻过重重的"山洞"（呼啦圈），然后又爬上"小山坡"（垫子），最终战胜挑战，来到海边捡到小海螺（小球）。

【游戏规则】幼儿听教师指导进行集体游戏，不得擅自行动。

【注意事项】游戏过程中做好安全防护措施。

（三）小乌龟看望它的朋友

【游戏目标】锻炼幼儿滚爬的能力。感受爬的过程，练习手膝着地爬的动作，锻炼手臂的力量，提高身体的协调能力。

【游戏准备】室内或户外宽敞的场地。小山坡（器械搭成，表面有软垫）、小球或手持玩偶若干、小猫、小狗的图片贴在小椅子上、音乐。

【游戏玩法】幼儿人手一个小球或者小玩偶作为拜访小乌龟时送给它的"礼物"。小乌龟的家就在场地的另一头，但是中间需要经过草地和小山坡，在教师的语言引导下，幼儿纷纷滚过"草地"，爬过"小山坡"，然后终于到达好朋友小乌龟的家，小朋友高兴地将"礼物"（小球或玩偶）送给了小乌龟。

【游戏规则】幼儿要按要求通过障碍，不能绕过障碍。

【注意事项】滚"草地"、爬"小山坡"要注意安全。

（四）抓鸭毛

【游戏目标】练习有躲闪跑、四散跑的动作经验。

【游戏准备】操场或室内均可。鸭头饰一只，插上鸭毛的木夹若干。

【游戏玩法】教师介绍游戏背景，"秋天来了，小鸭子的绒毛变成了漂亮的羽毛，农民伯伯想用鸭子的羽毛做一只羽毛蒲扇。于是，教师扮演农民伯伯，小朋友们扮演鸭子，当音乐响起后，"农民伯伯"开始抓"鸭子"。首先，扮演"鸭子"的幼儿在"池塘"（操场）里跑来跑去，教师在场地上追逐。当快被抓到时，小朋友要立即蹲下并且双手抱着头保护自己就可以逃过一劫，如果没有蹲下或者蹲下没有抱住头，即被"农民伯伯"抓到。

抓到鸭子后就要准备拔鸭毛了，于是进入游戏的第二阶段。被抓到的小朋友，在教师的帮助下，在身上夹一些小夹子，代表鸭毛。于是这些被抓住的"鸭子"为了不被拔掉鸭毛在场地内四散跑开，在"农民伯伯"的追赶下，小"鸭子"们有意识地控制走、跑的速度和方向，充分地锻炼了幼儿的活动量。

【游戏规则】小朋友要在"农民伯伯"靠近时蹲下抱头，"农民伯伯"离开后站起来继续跑，不能一直蹲着抱头。

【注意事项】跑的过程中注意安全，防止相互碰撞。

（五）小蜜蜂嗡嗡嗡

【游戏目标】练习幼儿听信号快速反应并逃跑的能力，提高他们的动作敏捷性。

【游戏准备】操场。用彩绳或丝带编织的花朵、各种颜色的篮子、小蜜蜂头饰。

【游戏玩法】幼儿扮演的"小蜜蜂"，在教师的带领下原地做飞舞的动作，并同时一起唱儿歌《小蜜蜂嗡嗡嗡》，"小蜜蜂，嗡嗡嗡，飞到西来又飞到东，小蜜蜂，嗡嗡嗡，飞到一片花丛中，开心忙碌把蜜采，努力拼搏立大功"。当儿歌唱完后，在教师的指令下，"小蜜蜂"们跑到"花朵"前采蜜，然后听教师的指令，把采到的"蜂蜜"再放在不同颜色的篮子里。

【游戏规则】幼儿听指令跑到"花朵"前采蜜，不能抢跑。

【注意事项】模仿蝴蝶飞舞时相互间隔一定的距离，防止手臂打到对方。

（六）猴子学样

【游戏目标】让幼儿感受集体模仿动作的乐趣。并学习模仿各种人物或动物的典型动作，提高观察能力和身体协调性。

【游戏准备】宽敞的场地。

【游戏玩法】在教师的引导和指令下，充分发挥幼儿的想象力，模仿各种动作。比如，教师说："小猴子非常聪明好动，而且观察和模仿能力也超强，它喜欢模仿别人走路、吃饭、打哈欠等等动作，而且模仿得惟妙惟肖。现在，我想让你们模仿老爷爷走路的样子，看看谁模仿得最像好不好？"为了带动全体幼儿积极参与，教师说完也会模仿老爷爷走路的姿势，起到示范的作用。教师模仿老爷爷，驼着背，把手背在背后，时不时地还会抬头和路人打招呼。幼儿模仿。然后教师接着说："老爷爷看到小猴学他，很生气，跺跺脚，搓搓手，走过来，走过去。"幼儿接着模仿"老爷爷"的动作，并哈哈大笑起来。教师引导示范一次，请能力较强的幼儿示范一次，幼儿模仿他。做完以后教师总结。

【游戏规则】按要求完成每个动作练习。

【注意事项】练习过程中逐渐增加模仿动作的难度，提高要求。

（七）小青蛙跳荷叶

【游戏目标】体验模拟青蛙的乐趣，增加对自然的热爱。练习直线两侧行进跳，发展动作的协调性和灵活性。知道青蛙跳的正确跳法。

【游戏准备】宽敞的场地、小青蛙头饰、用绿色纸板做的"小荷叶"、害虫（沙包或自制）、音乐《青蛙最伟大》。

【游戏玩法】教师引导，"夏天来了，天气真热，老师想带小朋友们去河边，吹吹凉风再去看望一位人类的好朋友，你们猜猜它是谁？"说完，教师模仿青蛙的叫声，看看有多少小朋友能猜出来。游戏正式开始了，让幼儿扮演小青蛙，通过教师口令的带领，锻炼小朋友的基本运动能力。"我们来看看'小青蛙'在干什么呀？"教师带领幼儿伸懒腰（伸展练习），打开双手向太阳问好（手臂摆动练习），在院子里跑一圈，看看花花草草（跑步练习），让"小青蛙"跳起来比谁跳得高（原地跳练习）。然后"小青蛙"准备去捉虫子了，于是扭扭屁股（腰部运动练习），揉揉膝盖，绑好护膝（膝部运动练习）就出发了。

【游戏规则】按要求完成每个动作练习。

【注意事项】做各种动作时注意安全。

（八）小兔子摘水果

【游戏目标】锻炼幼儿的平衡走、跳动作，提高他们的平衡能力，体验平衡走的乐趣。

【游戏准备】宽敞的场地。篮子若干、呼啦圈若干、水果卡片若干、平行线（分别为15厘米、20厘米）。

【游戏玩法】教师将幼儿分成两队，一队扮演黄兔子，一队扮演红兔子。然后，全部"小兔子"在教师的引导下，走过小桥（间隔20厘米的平行线），双脚并拢跳过小石阶，每次摘一个水果（水果卡片）后，跑到篮子的位置放进"水果"，再去找采摘的水果。随后，教师会适时发布新的指令，要求"小兔子"走过更窄的小桥（间隔15厘米的平行线），这次要单脚跳过小石阶，每次摘一个水果（水果卡片）后先放到篮子里再去采摘下一个水果。

【游戏规则】按要求动作过小桥，否则视为犯规。

【注意事项】过小桥时保持身体平衡，防止绊倒。

（九）捉老鼠

【游戏目标】让幼儿充分享受集体游戏的乐趣。练习半蹲走，提高动作灵敏协调性。培养幼儿遵守游戏规则的良好习惯。

【游戏准备】宽敞的场地，小老鼠头饰若干（人数的一半），用标志线标成一个圆形，贴一个"谷仓"的图片。

【游戏玩法】将幼儿分两组，一组幼儿手拉手围成一个圆圈当老鼠筐。另一组幼儿戴上老鼠头饰扮小老鼠。要求扮演"老鼠筐"的幼儿双脚自然站立，手拉手自然平放，在小老鼠钻的过程中，不能伸腿，也不能随意下蹲；

扮"老鼠"的幼儿在钻的时候要弯腰低头，练习半蹲着走步，然后依次钻过"老鼠筐"。幼儿在教师的带领下唱儿歌，"老鼠老鼠坏东西，偷吃粮食偷吃米，我们做个老鼠筐，'咔嚓'一声筐住你"。当说到"咔嚓"时，扮演"老鼠筐"的幼儿蹲下，被老鼠筐碰到或围在筐内的即被淘汰。直到"小老鼠"抓完或者教师宣布结束。两组幼儿交换角色继续进行。

【游戏规则】扮"老鼠"的幼儿不能快跑，也不能抱站着的小朋友；整个过程中要按口令游戏。

【注意事项】运动量不宜过大。

（十）"偷"粮食

【游戏目标】练习幼儿的反应能力，以及奔跑和躲闪的能力。

【游戏准备】宽敞的场地，沙包若干。

【游戏玩法】在圈内放置一些沙包等。教师让幼儿钻过"老鼠筐"到"粮仓"内去取粮食，每次只能取一个，不能撞到其他幼儿。当教师给出指令，儿歌停止时，扮演"老鼠筐"的幼儿蹲下在圈内的"小老鼠"就表示被捉住了，在圈外的"小老鼠"就表示没有被捉住，被捉住的幼儿可以在"老鼠笼"打开的时候继续参与游戏。两组幼儿交换角色继续进行。

【游戏规则】按要求完成每个动作练习。

【注意事项】跑和躲闪的过程中注意安全。

（十一）送小猪回家

【游戏目标】让幼儿体验游戏的乐趣。

【游戏准备】宽敞的场地，小推车、曲棍杆、小皮球、大筐。

【游戏玩法】教师交代游戏背景，"小猪宝宝今天太开心了，在外面玩了一天，但是傍晚的时候，它发现自己找不到新家在哪里了，对面就是小猪的家，现在让我们把他们送回家吧！"于是教师将幼儿分成两组，起点和终点间隔5~6米，在队伍起点，放置放满球的筐充当小猪，在队伍的终点放置筐作为小猪的家。教师发令后，排头幼儿抱一个球放在推车里，沿直线推车至终点，把球放篮里并返回，将空车交给第二位幼儿，依次进行。

【游戏规则】推着小车时不可以跑，只能行走。返回时从路线外侧返回。

【注意事项】推小车行进要注意安全。

（十二）打雪仗

【游戏目标】让幼儿体验躲闪、抛接游戏的乐趣。练习抛接动作，锻炼手臂力量，提高协调能力。感受小球的弹性、软度。

【游戏准备】四周有隔板的场地或者无水的水池。小球若干、挡板1个。

【游戏玩法】教师先交代游戏背景，"小朋友们，你们看过下雪吗？你们想打雪仗吗？今天，让我们尽情地打雪球。首先，在打雪仗之前我们热身一下吧！"幼儿在教师的带领下跟音乐进行跑步、拍手、跺脚的动作，一边热身一边熟悉场地。

然后正式进入游戏，将幼儿分为两组，每人拿一个球，把挡板放在队伍前面2米处，教师发令后，第一组幼儿把球举过头顶扔球，尽量把球扔到挡板后面去。第二组幼儿再进行。

【游戏规则】单手扔球或双手扔球都可以，但必须使球从挡板上面飞过。

【注意事项】游戏中注意安全。

（十三）小孩小孩真爱玩

【游戏目标】增强归属感，练习根据指令进行定向跑。

【游戏准备】操场。

【游戏玩法】教师指导幼儿排成一列横队站好。游戏开始时，教师和幼儿先一起唱："小孩小孩真爱玩。"然后教师继续唱到"摸摸滑梯跑回来"。幼儿听到指令后纷纷奔着滑梯方向跑去，摸到后再回到原位。以此类推，教师给出目标物，让幼儿纷纷跑去完成动作。

【游戏规则】幼儿必须在教师说完"来"字才能跑动。

【注意事项】为了增加游戏的趣味性，教师可以适当改变任务类型，比如把"摸摸"替换为"抱抱"，把"跑回来"改为"飞回来"等。

第三节　中班体育游戏的组织与指导策略

一、中班体育游戏的特点

中班的幼儿处于学前儿童阶段的中期。此阶段的幼儿在身高、体重的增长速度相对缓慢，心肺机能在逐渐成长，骨骼肌肉有所发展但还非常柔弱。与此同时，他们的感知能力、观察能力、身体控制能力、活动兴趣都逐渐增强。对感兴趣的事物可以维持3～5分钟的注意力，能根据要求和以往的经验观察事物。他们喜欢和同伴一起玩，在活动中他们逐渐学会了交往，会与同伴共同分享快乐，还获得了领导同伴和服从同伴的经验。而且，中班的幼儿开始有了较强的竞争意识，想要获得教师的关注，想战胜小朋友获得更好的成绩，还能感受到强烈的愤怒与挫折。他们还喜欢炫耀自己的能力或者某些物品。

与此同时，中班的幼儿表现出精力充沛，身体更加的结实，跑和跳、投掷的能力越来越灵活。不但可以自如地跑、跳、攀登，而且可以单足站立，会抛接球，还可以骑小车、滑滑板等。他们的手指动作更为灵巧，可以熟练地系鞋带、扣纽扣、拉拉链、穿脱衣服等，也会完成一些简单的手工活动，比如折纸、串珠、拼插积木等精细动作。和小班相比，他们的动作质量明显提高，更加熟练且速度很快，而且在耐力方面也表现得更好。

另一方面，由于中班幼儿的各项身体素质和身体机能都在快速地发育中，因此，此时的幼儿需要大量的营养，只有锻炼和营养物质要相辅相成，才能更好地促进幼儿的身体健康成长。其骨骼、肌肉、心脏、肺脏等器官机能尚处于初步发展阶段而较为柔弱，尽管可以尝试各种基本的运动动作，但是不适宜进行大运动量、高难度、高负荷的动作锻炼。因此教育者对此年龄阶段的幼儿，应该多给予符合其年龄特点的"故事化、生活化、趣味化"的"走、跑、跳、爬、钻、投掷、平衡"等动作练习及轻器械的玩耍游戏来锻炼其身心，提高其体能。

中班幼儿的思维能力比小班阶段更强，想象力更加丰富，因此模仿起来更加惟妙惟肖。可以增加体育游戏中的故事化情节，因为他们对故事具有天然的想象力，丰富的故事情节，可以增加体育游戏的情绪体验，满足他们日益强烈的想象力和模仿欲。但中班的幼儿身体还较为柔弱，对疾病的抵抗和免疫能力较低，易患各种季节性传染疾病，身体易受侵害。因此，教师要时刻关注幼儿的营养、学习、生活安排是否科学合理。要帮助他们养成良好的早睡早起、讲究卫生的习惯。在进行体育游戏的时候，要注意户外和室内活动时间合理搭配，户外体育游戏要选择在恰当的时间进行，以免晒伤或者着凉等情况发生。教师要增加幼儿的体育游戏活动内容和时间使他们熟练基本动作，培养他们对体育的兴趣，增强他们的运动能力，提高他们的身体素质，进而达到增强幼儿体质的目标，为他们未来的人生打下健康的身心基础。

二、中班体育游戏的指导策略

中班幼儿经过一年的学习和适应，已经比刚刚进入幼儿园的时候有了很大的进步，他们不仅适应了集体生活，而且还非常享受和小朋友们一起做游戏，一起嬉戏玩耍，一起学习新技能，一起挑战新动作。他们在身体发育和动作技能上都有了很大的发展，动作的协调性增强，开始喜欢尝试一些新奇、富有挑战性的动作、玩法的活动。同时他们与同伴也开始出现一些合作关系，来获得对身体运动的经验，也有了一定的安全意识。

对于中班幼儿来说，跳跃是他们最喜欢做的动作，因此可以增加一部分助跑的跨跳会更具挑战性。当他们跳过一定的障碍物后，会感觉更有信心。因此，教师可以适当地多安排一些跳跃性的游戏，同时，也要注意小朋友的运动安全，避免摔伤和磕碰。

三、中班体育游戏示例

（一）有趣的平衡板

【游戏目标】能自主、大胆地探索平衡板的多种玩法，发展平衡能力。更多地体验与同伴合作游戏的快乐。

【游戏准备】宽敞的场地。红、黄、蓝、绿四色平衡板若干。

【游戏玩法】地上准备了很多板，教师带领小朋友们每人找一块板坐下来。让幼儿初步感知平衡板摇晃的特点，需要用腿保持平衡。教师也坐在平衡板上，一边讲解平衡板的名称和特点，一边引导小朋友们感受用身体和双腿保持平衡的独特体验。最后，教师指导小朋友们练习平衡能力，即能够稳定地坐在平衡板上，哪怕一边拍手唱儿歌，也能保持平衡。

【游戏规则】不做要求。

【注意事项】在板上保持平衡，防止摔倒。

（二）蓝精灵救妹妹

【游戏目标】发展幼儿跑、钻、平衡等动作技能和能力，进一步发展幼儿动作的灵活性、协调性、平衡能力及腿部力量。同时培养幼儿对新事物的好奇心，调动幼儿参加体育活动的积极性，以及培养幼儿的责任意识、集体意识、规则意识和团结互助的精神。

【游戏准备】宽敞的场地，准备小沙包若干个，拱形门两个，平衡木两条（小桥），小树模型四棵，格格巫图像一幅。

【游戏玩法】教师将幼儿分成人数相等的两队扮演"蓝精灵"，分别站在起点线后，每队最后一名幼儿藏在格格巫画像后。游戏开始时，在《蓝精灵》主题曲的背景音乐中，教师发出指令："可爱的蓝妹妹被格格巫带走了，大家赶快去救她！"于是每队第一名幼儿出发，绕过"小树林"，钻过"山洞"，走过"小桥"，拿起沙包投向格格巫画像，然后迅速跑回本队与第二名幼儿拍手，然后迅速站到队尾。第二名则立即重复一遍上述游戏过程，直到最后一名幼儿将沙包投向格格巫后，带回蓝妹妹，以最快的一队为胜。

【游戏规则】必须听到口令后才能出发，不能抢先出发；途中经过每个障碍物，不能从旁边绕过。

【注意事项】行进过程中注意安全。

（三）冰雪游戏

【游戏目标】培养幼儿抗寒能力及顽强的意志品质，提高动作的灵敏性、准确性。提高小朋友动作的灵敏性、协调性和准确性。培养他们不怕寒冷的坚强品质和顽强的意志。培养幼儿热爱大自然的良好心态，陶冶情操，提高幼儿适应自然环境变化的能力。

【游戏准备】宽敞的场地，胡萝卜若干，彩纸若干。

【游戏玩法】在教师的带领下，让幼儿先用手团成一个小雪球，然后放在雪地里滚动，会发现雪球越滚越大。然后让所有幼儿将滚大的雪球集中在一起，堆成一个更大的雪球。教师负责把这些雪球整合成雪人的身体，逐渐地堆出雪人的头，然后用胡萝卜作为雪人的鼻子，用彩纸团作为雪人的眼睛，再用一张彩纸为雪人做一个帽子和一条围巾，这样，在全体小朋友的努力下，可爱的雪人就诞生了。教师可以引导幼儿看到合作的重要性，通过齐心协力，可以完成一个人不能完成的事情。然后教师组织幼儿围着雪人跳舞、做游戏，开心、尽兴地玩。还可以由两位教师分别带领两组小朋友分组比赛，完成堆雪人最快、最符合要求的那组获胜。

【游戏规则】按要求完成每个动作练习。

【注意事项】注意保暖。

（四）军事演习

【游戏目标】在自然环境下，发展幼儿躲藏、追跑、爬树、登山等基本动作。拓展幼儿在生活中的行动能力。另外，利用真实环境的游戏可以很好地培养幼儿观察力、注意力、记忆力、想象力、意志力以及团结友好、互助合作的良好品德。

【游戏准备】根据现实情况，可选择小花园、小广场等自然环境，教师要提前排查安全隐患。幼儿每人带上黄色和红色的帽子或者围巾，方便教师找。教师还要准备一个口哨和扩音器，可随时号召大家集合。

【游戏玩法】首先，教师需带领幼儿了解和熟悉即将展开进行"军事演习"地区范围内的地形、地貌等各种环境、条件。教师要详细讲解演习的路线、动作要求及注意事项。

游戏开始后，小朋友要先绕着树林跑步，要求是在不摔倒的情况下跑得越快越好；等熟悉树林的环境之后，再玩"捉俘虏"的环节，即戴红色帽子和黄色帽子的小朋友分为敌我两队，彼此你追我赶，你躲我藏；接下来是在放倒的树干上练习过"独木桥"，小朋友们要勇敢地走过"独木桥"，然后再攀登到"山顶"，越过重重障碍之后，教师宣布"军事演习"成功结束，小朋友人们胜利地完成了任务。当然，演习的这些项目可以根据实际情况做出调整，只要在安全的前提下，可以大胆鼓励幼儿进行尝试。

【游戏规则】按要求完成每个动作练习。

【注意事项】小朋友必须集体游戏，不能擅自离队，尤其要注意安全。

（五）瘦高高和矮墩墩

【游戏目标】随口令做站立走和蹲走的动作，理解高和矮的概念。

【游戏准备】操场或宽敞的教室。卡片、玩偶和小球若干。

【游戏玩法】教师先接受游戏规则。当教师说"我们是瘦高高"时，幼儿两臂上举，身体尽量伸展。当教师说"我们是矮墩墩"时，幼儿蹲下。教师会在"瘦高高慢慢变矮了""矮墩墩慢慢变高了"等口令之间进行切换，幼儿听口令立即执行动作。然后在教室或者操场上洒满一些卡片、玩偶和小球，以及三个收纳箱。在教师的口令下，小朋友们在"瘦高高"进行直立行走的练习，"矮敦敦"进行蹲走的练习，并且能够以两种不同的行走方式，捡起地上的卡片、玩偶或小球，并分别放进不同的收纳箱里。

【游戏规则】听口令做相应的动作，不能擅自改动作；蹲走过程中每次只能捡起一个物体。

【注意事项】注意保持重心平稳，防止摔倒。

（六）魔镜

【游戏目标】学习后退走，在宽35厘米、长5米的窄道内练习自然走和后退走。

【游戏准备】宽敞的场地。代表魔镜、皇后、食物和娃娃的各种卡片。

【游戏玩法】教师指导幼儿学习后退走后，带领幼儿在窄道内进行练习。分成2-3组，教师导入情景，今天的任务是走过"小桥"去帮小动物们找"食物"，可是"皇后"在桥头放了一块"魔镜"，当魔镜是"娃娃脸"时，幼儿自然走，当魔镜是"娃娃头发"时，幼儿倒退走。过了窄道，去寻找一个食物后回到队伍前跟第二位幼儿击掌，第二位幼儿再出发，看哪一队小朋友找到的"食物"多。要求幼儿一次只能拿一个"食物"。

【游戏规则】按卡片提示做相应的动作。

【注意事项】窄道中练习要注意安全。

（七）电风扇

【游戏目标】感受转动的乐趣，提高平衡能力。

【游戏准备】符合活动条件的操场。

【游戏玩法】在教师的指导下，让幼儿做转动的动作。比如，当教师给出"小风扇准备"的指令时，幼儿两臂侧平举做好准备，当听到教师说"开风扇了"，幼儿边念儿歌，原地边走边转动2～3圈，同时嘴里还发出"呼呼"的风声；当听到教师给出"停电了"的指令时，幼儿立即停下来站在原地不动。

【游戏规则】听口令完成动作，动作要符合要求。

【注意事项】转圈时注意安全。

（八）踩高跷

【游戏目标】锻炼幼儿的平衡能力。

【游戏准备】有缓冲设施的教室。准备若干大小合适的泡沫，并穿好洞，以及彩色线绳若干。

【游戏玩法】教师帮助下，给小朋友们绑上"高跷"，然后让幼儿"踩高跷"在场地内慢慢行走，练习保持平衡的能力，当熟练后，可以设置一些障碍物，让幼儿绕过障碍物到达终点。先完成任务的有人获胜。

【游戏规则】到达终点前不能中途停下来。

【注意事项】游戏中注意安全。

（九）踩影子

【游戏目标】根据同伴的位置随时调控自己的身体动作，提高灵敏性。

【游戏准备】符合活动条件的操场。

【游戏玩法】幼儿两人一组在空地上互相追捉对方的影子，一个人踩，一个人躲，踩到影子后互相交换再玩。幼儿熟练后，集体进行游戏，一人或同时两三人踩，其余的幼儿躲，被踩到影子后互相交换再玩。或者教师可以拿一块镜子，利用阳光折射出光点，并不断晃动，让幼儿在阴凉处追逐光点、踩光点。

【游戏规则】踩到影子的任何一个部位都可以。

【注意事项】幼儿不能盲目乱跑，要注意观察同伴的行动，进行追逐和躲闪。

（十）小雨点

【游戏目标】锻炼听指令迅速反应的能力。

【游戏准备】符合活动条件的操场。

【游戏玩法】教师说"下雨了"，全体幼儿在地上散跑。教师说"小雨点变成河了"，全体幼儿跟在教师后面一个跟一个纵队跑步。教师说"雨水流到麦田啦"，幼儿站成一路纵队。

【游戏规则】听到口令后再做相应的动作，动作必须与口令要求相符。

【注意事项】跑的过程中注意安全。

（十一）农夫果园

【游戏目标】练习绕障碍跑，提高动作的敏捷性。

【游戏准备】操场，椅子，小球，小红旗、收纳箱若干。

【游戏玩法】教师将幼儿分成四组，每组起点到终点直接有三个"小山包"（椅子），幼儿从起点出发，绕过"小山包"，将"水果"（小球）运到终点的"大货车"上（收纳箱），直线跑回接力。幼儿进行比赛，胜利队奖励小红旗。

【游戏规则】必须绕过每个障碍物。

【注意事项】跑的过程中注意安全，不得相互干扰。

（十二）和尚挑水

【游戏目标】锻炼手臂力量，提高身体跑动时的协调性。

【游戏准备】操场，沙包、水桶若干。

【游戏玩法】将幼儿分成人数相等的几组。起点处，幼儿双手提水桶跑向终点，把水桶各放入一个沙包后，提水桶跑回队伍把沙包拿出，把桶交给后面的幼儿，当一组的幼儿全部完成动作互换时，游戏结束。看哪一组的速度最快，手臂最平。

【游戏规则】提水桶跑时尽量保持手臂在体侧平举，不要屈臂。

【注意事项】跑的过程中注意安全。

第四节　大班体育游戏的组织与指导策略

一、大班体育游戏的特点

　　大班幼儿处于学前儿童阶段成长末期，他们既处于学前教育的最高阶段，又处于小学教育前的准备阶段。他们经过两年的幼儿园生活，已经初步具备了在集体中生活的能力，适应了校园生活的规律性，知道如何与其他小朋友相处，具备了一定的社交能力。他们在生理和心理上都表现出快速发展的特点。他们不再满足于追随、服从，而是有了自己的想法和主见。他们活动的自主性、主动性水平明显提高。无论是在自主行动方面，还是在学习生活方面，都有了想脱离成人监管的欲望和行为。这个时候，教师应适当地调整教学方式。一方面，要适当放手让幼儿去独自尝试，为他们创造适当的条件以培养其独立、自主、自律的能力；另一方面，由于这一时期的幼儿更具有冒险精神，因此在组织体育游戏时，教师应格外注意幼儿的安全情况。教师还要加强对幼儿安全意识、安全行为、遵守规则的教导，并逐渐内化到他们的行为和意识中。

　　处于此年龄阶段的幼儿，身高、体重的增长较为明显，需要给予营养和锻炼的配合才能使之充分健康成长。他们的器官组织发育日渐完善，活动兴趣愈加广泛，身体的活动能力大大增强，但肌肉、心脏、肺脏、骨骼等仍然较为柔弱，因此不适宜进行小学化的大运动量练习，应该及时休息。体育游戏仍然以玩耍为主，以活跃他们的运动意识。同时，应该多给予符合其年龄特点的"故事化、生活化、趣味化"的走、跑、跳、爬、钻、投掷、平衡等动作练习及轻器械的玩耍游戏来锻炼身心。

二、大班体育游戏的指导策略

大班幼儿身心发展比较稳定，活动能力正处于迅速发展时期，对各项动作能够建立很好的条件反射，同时对于游戏的动作性、完整性较感兴趣，可以进行较复杂的动作练习。例如，体育游戏"小熊斗怪兽"就是根据大班幼儿的年龄特点，以幼儿最喜欢的游戏方式开展，提高了幼儿动作的协调性、灵活性，发展了幼儿的体能。在练习的过程中，让幼儿充分进行自主选择性活动，提高幼儿学习的自觉性和主动性，同时也培养了幼儿坚强、勇敢、不怕困难的意志品质和主动、乐观、合作的态度。

三、大班体育游戏示例

（一）炸碉堡

【游戏目标】通过"炸碉堡"的游戏练习跑、跳、钻和投掷，重点练习肩上挥臂投沙包。训练幼儿动作的协调性，培养幼儿机智、勇敢的品质。

【游戏准备】操场，沙包若干，磁带，录音机，橡皮筋，垫子，呼啦圈，大竹筐。

【游戏玩法】教师先介绍游戏背景，让幼儿扮战士，教师扮指挥员。"今天我们来学做勇敢的战士。你们知道勇敢的战士是什么样的吗？战士要学许多本领，今天我们要学习一种新本领——投手榴弹。哪位小朋友知道怎么什么是手榴弹，谁能给大家演示一下怎么投掷手榴弹吗？"教师应鼓励幼儿的主动思考和积极互动的意识和习惯。然后，教师示范投"手榴弹"的正确动作：侧对投掷方向，两腿前后站立，眼看前方，蹬腿，转体，对准"敌人的碉堡"从肩上挥臂投出，臂向头后伸，稍屈肘，肘要高于肩，手要高于头，用力挥臂。然后组织幼儿原地空手挥臂投掷两次。教师注意纠正投掷动作。

游戏的第二部分是让幼儿用"手榴弹""炸碉堡"。

教师引导，"战士们，我们已经学会了投手榴弹，现在上级交给我们一项任务，要求我们去炸毁敌人的一个碉堡。你们怕不怕？要炸掉这个碉堡必须跨过壕沟，钻过山洞，爬过封锁线，再将手榴弹投向碉堡。任务很艰巨，你们能不能完成？"游戏开始后，请两排幼儿分别站在起跑线后，教师发出信号：出发。每排第一个幼儿立即跑出，跨过"壕沟"（橡皮筋），钻过直径50厘米的"山洞"（呼啦圈），爬过"封锁线"（垫子），拿起一个"手榴弹"（小沙包），向敌人的"碉堡"（大竹筐）投去，再从两侧直接跑回，拍第二个幼儿的手，然后站到队尾，游戏依次进行。最后，准确地将"手榴弹"投向"碉堡"（大竹筐）的一队获胜。

【游戏规则】听信号再起动，按要求跨过每个障碍物，必须按投"手榴弹"的正确动作完成游戏。

【注意事项】游戏过程中注意安全。

（二）小猴摘桃

【游戏目标】在游戏中练习滚动和滚翻动作，发展动作的灵敏性和方位知觉；提高幼儿自我保护能力。通过游戏活动，使幼儿逐步掌握滚动和滚翻动作技能，发展动作的灵敏性、准确性并提高平衡能力。并且发展幼儿的方位感知能力，培养幼儿自我保护能力。

【游戏准备】操场。准备拱形门四个，垫子四块，桃子模型若干。

【游戏玩法】教师讲解、示范双手抱膝前后滚动，然后，让幼儿分散练习滚动，教师巡回指导。然后，让幼儿分散练习，教师巡回指导，重点辅导个别胆小、体弱，以及动作不灵活的幼儿。然后教师示范"小猴摘桃"的动作，并讲解游戏规则。将全体幼儿分成四队，分别站在起点线后，听到信号后，每队第一名幼儿钻过山洞（拱形门），翻过草地（前滚翻），向上跳起，摘一只桃子，放在篮子里，然后跑回本队队尾，第二名幼儿接上继续。

【游戏规则】幼儿听到口令后再起动，钻山洞、前滚翻、向上跳起的动作要连贯。

【注意事项】起跳摘桃的过程中注意安全。

（三）找朋友

【游戏目标】练习一对一整齐地走，提高团队意识。

【游戏准备】操场。

【游戏玩法】幼儿站成内外两个同心圆圈，游戏开始，外圈的幼儿向右转，内圈的幼儿向左转，教师拍手时再往前走，幼儿按圆形轨道向相反方向走（外圈逆时针走，内圈顺时针走）。边走边念儿歌，念完时，内、外圈的幼儿立刻相互手拉手做朋友。找到朋友的两个幼儿则手拉手按逆时针方向边走成圆形边念儿歌："好朋友，手拉手，一二一二向前走，向前走，向前走，放开小手点点头（两手叉腰相互点头一次）。"游戏可以重复进行，表扬牵手快、走得稳的小朋友。

【游戏规则】里圈和外圈的行进方向必须是相反的。

【注意事项】相互保持一定距离，防止碰撞。

（四）小鸡过河

【游戏目标】练习顶物行走，培养平衡能力，提高与同伴的协调配合能力。

【游戏准备】操场、木砖、毽子若干。

【游戏玩法】教师提前画定两条间距为3～5米的平行线代表小河，一定高度的木砖3块。所有幼儿分为若干队伍，每个队伍中两人一组参加游戏，一幼儿头顶鸡毛毽子扮演小鸡，站在起点线，另一幼儿扮演小鸭，并有节奏地移动3块木砖，在小鸭子摆放好木砖后，小鸡踩在木砖上前进。小鸭把木砖送回来，第二个小鸡和小鸭再开始过河。最后，第一个过河的小鸡获胜。然后交换角色，继续游戏。

【游戏规则】要求是小鸡不能踩地，毽子也不能掉下拉，任何一个环节如果出现失误，游戏都要重新开始。

【注意事项】教师要引导小朋友们不要慌张，努力把每一步动作都做得准确、有效。游戏内容熟练后，为了增加游戏的挑战性，小鸭的角色可以去掉，幼儿自己蹲着移动木砖，再行走过去。

（五）赛龙舟

【游戏目标】集体协调地蹲着行进，锻炼腿部力量，体验团队合作的乐趣。

【游戏准备】操场、小红旗。

【游戏玩法】在场地上间隔插上若干小红旗，距小红旗8～10米处画一条起点线。幼儿分为若干组，一组排成一列，每位小朋友将两手分别搭在前面小朋友的肩上，且不能松动。在教师的指令下，幼儿蹲下后随着鼓声有节奏地模仿划龙舟的动作向前蹲走，走到对面终点拿起红旗全组就可站起。最先拿到红旗者为胜利组。

【游戏规则】幼儿的双手需要一直搭在前面幼儿的肩上，蹲着走的节奏要符合音乐的节拍，不能乱走，如果走乱了节奏，需要从头开始游戏。

【注意事项】蹲走时保持重心平稳。

（六）螃蟹搬粮食

【游戏目标】尝试双人行走，发展动作协调性，体验两人合作。

【游戏准备】操场、小球若干，收纳箱若干。

【游戏玩法】教师事前设置好起点和终点，起点处放球（粮食）若干，幼儿分成两组，每组队员两两面对面站立，双手搭在小伙伴的肩膀上，模仿螃蟹横着走路，即两个人一起侧身走路，且需要保持好节奏。游戏开始后，两人努力地去搬运"粮食"（小球），看哪一队运得又快又稳。

【游戏规则】"小螃蟹"互相配合完美，不能摔跤，不要踩到别人。搬运"粮食"的时候，不能用手搬运回来，两名幼儿要将球夹在胸前，如果球在中途掉了，可以用手捡起来，但是要在掉球的原地重新上路。

【注意事项】保持重心平稳，防止摔倒。

（七）运动健将

【游戏目标】身体动作的协调性，激发挑战自我的斗志，指导幼儿练习跨栏跑。

【游戏准备】操场、牛奶盒若干。

【游戏玩法】教师将幼儿分为四组，起点与终点相隔5～8米，中间设置2～4个牛奶盒，让幼儿跨跳过去。要求幼儿的动作要规范，且速度迅速。听到教师的指令后，幼儿立刻再出发，此处可以锻炼幼儿的反应能力。

【游戏规则】听口令出发，不得抢先跨跳。

【注意事项】教师要引导幼儿注意安全，不要踩在牛奶盒上，万一踩到或者不慎摔倒，应勇敢地马上爬起来继续比赛。当幼儿熟悉了游戏之后，教师可适当增加"跨栏"的高度，或增加不同的难度。鼓励幼儿不断迎接新的调整，不断提升本领的意识，即使失败了也不要气馁，应该继续努力，直到克服困难，获得胜利。

（八）舞动的树叶

【游戏目标】练习幼儿高抬腿的基本动作技能，发展腿部肌肉的收缩能力和灵活性。

【游戏准备】操场，红、黄色的小旗子若干。

【游戏玩法】在操场上画出起始线和终点线，然后将幼儿分为若干小组。教师指导幼儿人手两个旗子，分别是红色和黄色，并在教师的帮助下，用别针将红、黄两个旗子别在幼儿的裤腿上，然后等待教师的指令进行游戏。当教师说，"我是风爷爷，小树叶们要听清楚风爷爷的口令。风儿吹呀吹，请把红树叶飘起来……"的时候，小朋友们应先迈出别着红色小旗子的腿，进行高抬腿跑步，先跑道终点的小朋友获胜。然后教师继续说道，"风儿吹呀吹，请把黄树叶飘起来……"的时候，幼儿要先迈出绑着黄色小旗子的腿进行高抬腿跑步，并努力地跑向终点。

【游戏规则】幼儿仔细倾听信号做相应的动作。

【注意事项】高抬腿时，节奏逐渐加快，2～3组后，可以"把树叶吹在垫上"滚动，以免强度过大。

（九）数字PK

【游戏目标】尝试快速转身折返跑，发展灵敏素质，提高奔跑能力。

【游戏准备】操场，准备"2、4、6、8"的数字图片若干。

【游戏玩法】教师在操场上提前画好红色和绿色的线。然后发给小朋友们每人一个写着2、4、6、8数字的图片，幼儿人手一张数字卡片，数字大于5的站绿线后面，数字小于5的站在红线后面，面对面站好。两队背后都各有一条终点线白线。当教师发令"大数追小数"或"小数追大数"时，前追的幼儿去追拍对方，被追的幼儿要立即转身跑向白线后的安全区。抓到了就到教师手里领取一个球，表示得一分。最后得分多者胜利。

【游戏规则】幼儿转身返回时动作要快速，不要迟疑，追拍时不能抓头发。

【注意事项】追的过程中注意安全。

（十）扎红领巾

【游戏目标】练习快速启动、高重心的急停，以及手扎（解）红领巾的技术。

【游戏准备】操场。

【游戏玩法】两人当"木头"面对面站立，间隔5～8米的距离，游戏者两人分别站其中一"木头"右边上，听到信号迅速跑向对面"木头"处，并将手中的红领巾迅速绑在"木头"的手臂上，一般都扎在左边手臂，然后迅速绕过"木头"向对面"木头"跑去，赶紧去解开对方手臂上的红领巾，迅速跑回到原来"木头"迅速将红领巾扎上，比看谁先追到对方。

【游戏规则】幼儿必须听到信号以后才能跑动，否则视为犯规，如果红领巾散了掉在地上，需捡起继续。

【注意事项】跑的过程中注意安全。

（十一）搬西瓜

【游戏目标】自愿参加游戏，享受"搬西瓜"带来的乐趣。练习与人合作以及合作走、跑的动作，提高动作的协调性。锻炼幼儿主动寻求合作伙伴的意识和行为，形成良好的合作意识。

【游戏准备】宽敞的场地、篮筐、气球或皮球。

【游戏玩法】教师先介绍游戏背景："夏天来了，让我们到农田里去看看吧！"（放音乐）做走路、跑步、看西瓜（手臂）、采西瓜（下蹲）、吃西瓜（头部、拍肚子）、背西瓜（背手走）等动作。

教师继续，"小朋友们，我身边有好多西瓜，我们把西瓜搬到外面卖给水果店的老板好不好，但是因为西瓜太重了，一个小朋友无法搬动西瓜，所以需要合作才能完成这个任务，我们需要两个小朋友一组来搬，小朋友们，你们觉得有哪些办法？"让幼儿自由探索不同的搬法。鼓励幼儿自己动脑解决问题，引导幼儿面对面用手夹着球从起点运到终点的篮筐里，然后返回队伍。第二组幼儿出发，如此循环。

【游戏规则】按要求完成每个动作练习。

【注意事项】有的幼儿用胸口运球，有的幼儿用脑门夹球，教师尽量不要干预幼儿自己想到的这些方法，让他们自己尝试每个方法的优劣，鼓励他们向其他小朋友学习，即发现有人有更好的办法，那么可以向他人请教和学习。

（十二）勇敢的小兵

【游戏目标】让幼儿感受助跑跨跳成功后的喜悦，尝试助跑跨跳等动作，提高小朋友的腿部力量，以及动作协调能力。另外，让小朋友们了解和学习助跑跨跳动作的基本方法。

【游戏准备】操场，小软砖、平衡凳、地垫、小旗、音乐。

【游戏玩法】教师先接受游戏背景，"小朋友们，你们见过解放军吗？你们知道解放军踏步的时候为什么那么整齐吗？那是因为他们都非常守纪律，而且很听指挥官的命令。今天小朋友们当小小解放军，老师当指挥官，大家都听指挥官的指挥，看看谁最棒！首先我们先来做一套军体操。"幼儿在教师的带领下，模仿解放军跑步、做操。

游戏正式开始，教师将所有的幼儿分成三组，用小软砖垒成具有一定高度的关卡，让幼儿分组进行助跑跨跳。首先从两块小软砖的高度开始，让每个幼儿都练习助跑的动作，体会助跑带来的助力和跳跃的高度。然后教师再增加"关卡"的高度，变为了三块小砖的高度，逐渐地增加宽度为两个小砖的宽度。

【游戏规则】按要求完成每个动作练习。

【注意事项】在游戏中，教师应关注幼儿运动的安全，并适时指导他们的动作，注意小软转摞高时要注意稳定，便于幼儿观察高度和宽度。

（十三）凳儿乐

【游戏目标】让幼儿体验游戏的乐趣，增强团结协作能力。同时练习直线跑、急停的动作，锻炼反应能力。体验两人或多人坐一张凳子的最佳方法。

【游戏准备】操场、小凳子若干。

【游戏玩法】教师把跟幼儿数量相等的小凳子排成一排，两两之间相隔5～7米画一根线为起点线。当教师发布口令之后，幼儿从起点线出发，快速跑到凳子上坐好。第二次游戏规定幼儿快速跑到凳子上蹲着，蹲成一个好看又稳定的动作。教师查看哪个幼儿动作最稳。

【游戏规则】幼儿听口令后再起动，按规定完成在凳子上的动作。

【注意事项】蹲在凳子上时要注意安全。

第七章　学前儿童体育游戏的安全管理

当前，学前儿童的体育游戏安全问题越来越受到社会、家长和老师的关注。幼儿园是幼儿学习、生活的重要场所，幼儿期也是其一生中生长发育最迅速、最重要的时期，因此，学前儿童体育游戏的安全管理问题就显得异常重要。儿童是祖国的花朵，是未来的希望，让幼儿有一个幸福、快乐、健康、安全的环境是所有教师和家长的愿望。本章就体育安全管理、学前儿童体育卫生以及学前儿童体育游戏安全管理指导三方面展开研究，希望对加强学前儿童体育教学的安全管理，以及培养幼儿的安全意识、避免意外的发生起到一定的积极作用。

第一节 体育安全管理

一、少儿体育运动的安全常识

（一）基本常识

在进行体育运动或锻炼活动时，需要注意结合多个项目的运动一起进行，切忌只做一项活动。尤其是学前儿童，他们正处于长身体的阶段，如果只做一项活动，那么对少年儿童的全面发展带来不利影响。甚至，长期锻炼一个项目还可能会出现畸形发展，影响他们的身体健康。因此，在开展活动时，有意识地加强全身训练将具有积极意义。

（二）严格要求

学前儿童的身体可塑性极大，这对开展体育运动具有一定的优势，与此同时，也存在着一定的隐患。这是因为，由于学前儿童的身体较为柔软，具有较强的可塑性，一旦采取的体育锻炼方式有误，那么也容易给机体带来负面影响，容易形成错误的记忆。因此，对学前儿童的体育锻炼要严格要求，一定要做到姿势和动作的准确无误，可以降低学习的速度，但务必要保证教学和练习的准确性。如果不按规定动作严格要求，很容易形成错误的做法和习惯，长期下去会影响锻炼效果和孩子们的健康。

（三）运动量不宜过大

学前儿童的身体还未发育完全，机体的很多功能还处于发展变化中，因此不适宜大负荷的运动。相反，多项目、多样化的体育运动更适合他们，通过不同的运动形式，可以全方位地刺激学前儿童的机体组织，从而促进他们身体的全面发展。对于体育教师而言，应该具有明确的意识，即对学前儿童的锻炼方法要尽量地多样化，且每一项运动的时间也不宜过长，中间要安排适当的休息，保证他们的健康发展。

（四）饭后不做剧烈运动

学前儿童非常好动，在平时的生活中总是喜欢蹦蹦跳跳，喜欢和小伙伴嬉笑打闹，这是他们的生理特征所决定的，对促进机体的生长发育具有促进作用。但是，与此同时，作为教师和家长，应该监督学前儿童不要在饭后做剧烈运动，以免影响肠胃等消化系统的紊乱，甚至导致阑尾炎等急症的发作。尤其是低龄段的学生，他们的安全意识还比较薄弱，自制力也较差，会一时高兴忘记了一些基本健康常识。比如，有的学生在饭后剧烈奔跑等。这势必会对身体带来负面的影响，作为教师应该在平时的教学中加强学生们的安全意识教育。

（五）课后运动注意安全

课间休息时，教师应鼓励学生不要坐在教室里休息，尽量到操场上做一做伸展运动，拉伸腰部和腿部的肌肉，缓解上课时的紧张情绪。经过紧张的学习，学生们基本上保持一个体位，因此应该珍惜课间休息的时间，到户外多呼吸新鲜空气，做拉伸活动，这对缓解疲劳、提振精神都具有促进作用。而且，在操场上看一看远处的树木和天空，对放松视觉神经和肌肉也是非常必要的。

当然，课间休息时间非常有限，不适宜做剧烈的体育运动，以免发生扭伤、碰伤等危险。而且，太剧烈的运动会让机体过于兴奋，不利于下节课的顺利开展。要保证继续上课时不疲劳，心态平静，精力饱满。

二、集体活动的安全常识

校园是经常开展集体活动的场所，因此教师在平日里要加强对集体活动安全常识的教导。

（一）提高安全意识

学前儿童在参加体育运动或户外活动时，要遵守规章制度和纪律，提高安全意识，做好安全事故防范预案，确保活动安全进行。教师要提高警惕，防止意外伤害事件的发生，切实保障幼儿的生命安全。

（二）要听从指挥

在遇有紧急情况时要沉着、冷静，听从指挥，要在带队老师的统一指挥下处理情况。

（三）要遵守纪律

要有集体意识和集体观念，不要擅自离开队伍，不要到别的班级中逗乐玩闹。如果在点名时发现人数不齐，不仅不能正常开展活动，还会让带队的老师着急、担心。

（四）要有集体荣誉感

作为集体的一份子，要怀有一份责任心，要为集体争光，要主动关心和帮助身体较弱的同学。在集体活动中要有意识保持秩序，不能蜂拥而上抢占位置等。

（五）要防患于未然

要有安全意识，在参加礼堂或剧院的室内活动时，要按秩序入场、离场。在活动中不要大声说话，更不要和同学打斗。还要学会识别公共场所和较大建筑物的安全标志，如剧场除了有大门外，还有太平门等紧急出口。如坐电梯时，要看清电梯内的急呼标志。在高层建筑物内除了电梯外，还有楼梯等紧急通道。

如果遇到发生火灾的情况，如果离门口、窗口较远，人又拥挤，可迅速用手帕或帽子打湿并捂住口鼻，然后趴在地上，设法匍匐移向门口，不然容易被挤伤、踩伤或熏倒。

第二节 学前儿童的体育卫生

学前儿童的体育锻炼、卫生习惯以及膳食营养和安全都是影响幼儿健康发展的重要因素。要实现幼儿体育活动的目标，做到科学性和有效性，其中一个重要因素就是体育活动要与卫生和安全有机结合。如果忽视体育教学中的卫生情况，不仅达不到增进健康、增强体质的目的，还会给幼儿身体和心理的发展带来损伤。因此，体育活动中的卫生是有效开展体育活动的必要前提。

一、学前儿童的体育卫生原则

（一）循序渐进原则

在学前儿童的体育活动中，教师应该具有较好的耐心，并且有计划、有步骤地逐渐增加负荷量、活动内容以及动作的复杂程度和难度。基本上按照由小到大、由少到多、由易到难的顺序展开，避免幼儿因不适应较大的体力负荷或较复杂的动作而产生抵触心理，甚至发生过度疲劳或发生运动损伤的情况。

（二）全面发展原则

在学前儿童的体育活动中，应遵循幼儿的身体发展规律，对幼儿的各个器官系统进行全面的调动和发展，促进其健康发育和成长。在学习各种基本动作时，要考虑到幼儿的身体发育需要，选择一些最适合刺激幼儿身体机能的运动方式和方法，是幼儿的身体素质得到全面的锻炼。另外，体育活动的形式和内容应尽量做到多样化和综合化，而不宜单一发展。

（三）区别对待原则

在体育活动中，既要考虑大多数幼儿经过一定努力可以达到活动的目标，又要考虑个别幼儿能力、心理方面的差异，为每个幼儿安排适合其发展水平的活动。

二、学前儿童的体育卫生监督

（一）及时调节运动负荷量

运动负荷量（活动量）是指幼儿在活动时身体所承受的生理负荷量，它由活动的时间、强度、密度、数量、距离、重量等组成。幼儿体育活动应保持适宜的负荷量：负荷量过小，达不到预期目标；负荷量过大，容易加重幼儿的体力负荷，甚至造成运动损伤。

测定幼儿运动负荷量一般采用观察法和仪器测定法。根据幼儿参加体育活动的实际情况采用观察法，教师更易实施。观察法是指教师观察幼儿的面色、出汗量、呼吸、动作、注意力等情况的方法。观察法一般在活动中或活动后使用。幼儿在活动中如出现轻度疲劳或中度疲劳现象，则表明运动量适宜；如果出现重度疲劳现象，则表明运动量过大，要及时调整。教师可采用增减活动、休息、讲评的次数和时间来调整运动负荷量。

（二）观察幼儿的疲劳程度

在进行体育活动期间，教师应密切观察幼儿的身体表现和疲劳情况，因为幼儿年龄尚小，他们对游戏有着不知疲惫的热爱，因此，即使身体已经感到累了，他们的游戏热情仍然不减，这就需要教师及时发现和终止。

第三节　学前儿童体育游戏安全管理指导

一、体育游戏的安全常识

（一）选择安全的游戏场所

学前儿童在开展体育游戏时，务必要具有安全意识，比如首先要懂得选择安全的场所进行。如果不能去专门的体育场或体育馆进行体育活动，那么要做到远离公路、铁路、建筑工地、工厂的生产区以及靠近枯井、地窖、防空设施等场所。同时，还要有意识不攀爬高压电线杆、水塔、屋顶、高墙等设置或建筑，不要靠近深水区，包括海、湖、潭、河、坑、水井、粪坑、沼气池等地方。

（二）避免具有危险因素的游戏

不要做危险性强的游戏，不要模仿影视剧中的危险镜头和情节，例如扒乘车辆，攀爬高的建筑物，用刀棍等互相打斗，用砖石等互相投掷，点燃树枝废纸等。

还有一些科学实验也容易造成安全隐患，由于学前儿童的好奇心强，在网络上学到一些有趣的科学实验，于是想去尝试。然而科学实验对实验条件具有相当高的要求，当学前儿童还不具备相应的知识和技能时，应该懂得避免这些具有危险因素的实验和游戏。

（三）选择合适的游戏时间

在进行游戏时，应注意选择合适的游戏时间，比如选择在白天而不是晚上，选择在精力充沛时而不是疲劳时，因为在过度疲劳的情况下，很容易发生事故。而在夜晚游戏的话，由于天黑视线不好，人的反应能力也降低，容易发生危险。

二、学前儿童体育游戏的安全指导

在学前儿童的体育活动管理中，教师应明确各类体育活动的安全隐患和应注意的问题，并及时对幼儿提出相应的安全要求，而且还要在每一次的活动中不断地强调，这将具有重要的现实意义。

（一）体育教学游戏

1.容易出现的问题

（1）幼儿之间的间隔小造成拥挤。

（2）个别幼儿的情绪管理能力差，出现攻击性行为问题。

（3）幼儿的规则意识差，自制力弱，出现冲突。

（4）不理解游戏规则或不能遵守游戏规则而造成安全问题。

（5）没有准备相适宜的体育服装。

（6）幼儿对体育游戏的难度没有准确的判断，客观评价能力不足，导致过高地估量自己的运动水平，而造成安全隐患。

（7）身体疲劳但是不自知，仍坚持运动或者游戏，而造成安全隐患。

（8）幼儿在行进中突然停止，造成互相碰撞、摔倒。

2.教师应关注的问题

（1）对游戏场地的安全状况有充分考察和准备。

（2）在集合时避免幼儿的拥挤、摔倒。

（3）教师要留意幼儿能不能全部理解游戏规则和要求。

（4）对待不同性格的幼儿应采取不同的引导方式。

（5）游戏器械的选择是否安全、适宜。

（6）如何把握幼儿在游戏中的情绪。

（7）活动的密度、强度是否适宜。

3.教师应对幼儿提出的要求

（1）集合时不要和其他小朋友冲撞，要慢慢地到老师身边来。

（2）明确顺序要求，比如，前面的小朋友完成某个动作之后，下一个小朋友再开始。

（3）集体游戏中，要小朋友以手拉手或者搭肩的方式集合。

（4）游戏结束后，要一起做鼓掌动作，要一个一个地坐好。

（5）鞋带开了的小朋友，要举手请老师帮助，后面的小朋友要绕开他继续游戏。

（6）如果不小心摔倒了，一定要告诉老师。

（二）自由自选的游戏

1.容易出现的问题

（1）取放玩具时容易争抢。

（2）在游戏中不注意躲闪，被他人或器械碰到。

（3）沉浸在游戏中时听不到教师的口令。

（4）自己独自占用多个玩具，没有遵守规则。

（5）不能正确使用玩具，出现安全问题。

（6）多个小朋友都想要同一个玩具。

（7）幼儿情绪过于兴奋，不能控制自己的身体动作。

（8）运动能力弱的幼儿选择了有一定难度的材料，可能出现安全问题。

2.教师应关注的问题

（1）孩子取放玩具过程中如何避免拥挤。

（2）幼儿是否掌握正确使用器材的方法。

（3）幼儿是否在规定范围内活动。

（4）幼儿活动情绪是否稳定。

（5）幼儿在使用玩具时，是否会和他人分享。

（6）活动场地是否存在隐患。

（7）幼儿自主收放玩具时能否安全有序。

（8）幼儿能否选择适合自己的玩具进行游戏。

3.教师应对幼儿提出的要求

（1）老师叫到谁，谁就去取玩具，要保持秩序。

（2）不要超出教师要求的范围，不离开教师的视线。

（3）玩的时候不要撞到其他小朋友。

（4）玩累了可以报告教师，然后先休息一会儿再玩。

（5）遇到解决不了的问题，应及时找老师帮忙。

（6）奔跑时，要注意控制速度和方向。

（三）开放区的游戏

1.容易出现的问题

（1）不知道自己想要什么玩具，总觉得其他小朋友的玩具更吸引人。

（2）忘记遵守游戏规则。

（3）总是跑和拥挤。

（4）个性较强，总是争抢玩具，不会分享。

（5）幼儿在换区时与同伴碰撞。

（6）超出教师规定的玩耍范围。

2.教师应关注的问题

（1）各个区域材料摆放顺序是否合理。

（2）投放的玩具和器械是否安全。

（3）幼儿能否选择适宜的器械和玩具。

（4）游戏规则是否难度过大，超出幼儿的理解和记忆能力。

（5）在活动中是否选择了恰当的空间，保证孩子之间的距离适宜。

（6）幼儿的服装是否适宜。

（7）幼儿运动量是否适宜。

（8）幼儿能否明确各个区域的活动规则与材料玩法。

（9）幼儿能否有序地参加活动。

（10）幼儿在活动中情绪是否稳定。

3.教师应对幼儿提出的要求

（1）请小朋友记住老师提的要求。

（2）请你跟小朋友保持距离，不要离前面的小朋友太近，不要在队列中突然停止。

（3）如果你觉得累了要告诉老师，选择一个游戏区之外的位置先休息一会儿再玩。

（4）请小朋友在开放区不要猛跑，要走到自己想去的地方。

（5）请小朋友记住各区域的要求，按规则进行活动。

（6）如果你不知道这个区怎么玩，可以先看一看别的小朋友是怎样做的，也可以问老师。

（四）室内体育游戏

1.容易出现的问题

（1）活动空间小，导致幼儿拥挤碰撞。

（2）有些幼儿不参加游戏，自己玩其他的玩具。

2.教师应关注的问题

（1）场地大小是否符合游戏的要求。

（2）使用的器械是否安全合适。

（3）游戏规则是否讲解明白。

（4）总是走神的幼儿该如何引导。

（5）游戏是否适宜室内活动。

3.教师应提出的要求

室内体育游戏一般比较安静和简单，教师应随时关注幼儿的注意力是否集中，他们是否对游戏充满兴趣。教师可根据活动内容和本班幼儿水平，灵活设定应该提出的要求。

（五）大型器械游戏

1.容易出现的问题

（1）幼儿不排队、拥挤。

（2）幼儿不遵守规则，从滑梯往上爬，扰乱了正常的游戏顺序。

（3）幼儿情绪过于兴奋，忘记规则。

（4）幼儿没有掌握正确的玩法，出现安全问题。

2.教师应关注的问题

（1）避免幼儿在游戏中出现拥挤现象。

（2）随时关注幼儿与同伴的距离，不拥挤和摔倒。

（3）注意观察幼儿的情绪是否稳定。

（4）幼儿攀登时能否抓牢踩稳，随时检查安全措施。

3.教师应提出的要求

（1）请小朋友玩的时候排好队，不要超过你前面的小朋友。

（2）玩滑梯时，等前面小朋友滑下站起后，后面的小朋友再滑。

（3）请小朋友从正确的地方上滑梯，和前面的小朋友保持一个手臂的距离，不推挤。

（4）在高空游戏中，双手要时刻抓牢，不许打斗。

（5）请小朋友在滑梯上不要停留，不做危险动作。

（6）荡秋千的时候，不要站在秋千前面或者后面，要站在教师要求的位置等待。

三、学前儿童体育游戏的自我防护

（一）可行性判断

学前儿童由于认知和行为能力均未发展健全，因此，常常会做出不准确的判断而采取超出他们实际运动能力的行为，从而造成损伤和意外。因此，在学前儿童的体育游戏教学中，其中很重要的一个教学内容，就是培养幼儿对可行性的判断能力。

实际上，认知能力的发展和身体的发展一样需要大量的练习。通过适当的体育游戏，教师引导小朋友们对自己的身体和活动能力有了越来越具体的认识。比如，自己的身高、体重是多少，能钻过多大的洞，跳起来能够到多高的物体，这些都需要在真实的游戏场景中学习，而不是通过教师的言语教导。在一系列的跑、跳、钻、爬游戏中，不仅让幼儿运动器官得到锻炼，使幼儿的身体的协调性、灵活性和柔韧性得到充分的发展，而且还让他们对自己的运动能力有了直观的认知，从而对难度过大的游戏，有了较为准确的可行性判断，从而避免很多因为不恰当的挑战而带来的安全危害。

（二）树立安全意识

在学前阶段，幼儿一直被家长保护得无微不至，这一方面让他们得到很好的照顾，但另一方面，也让他们在自立的发展方面略显不足。比如，他们生活中的很多危险因素已经被家长规避了，在他们的意识里，这个世界是绝对安全的，他们想怎么玩就怎么玩，还意识不到危险的存在。因此，在幼儿园里，教师的一个重要任务就是教给幼儿一些必要的安全常识，让他们知道哪里是危险的，哪些行为会造成隐患，以及如何避免。这就是幼儿的安全意识的养成。

比如，中班幼儿开始越来越大胆，喜欢蹬梯爬高，特别是喜欢从高处跳下来，一旦教师没有注意到，就容易摔倒，或者撞到其他小朋友。教师既要保护好幼儿这种天不怕地不怕的精神，同时又要正确的引导，教给他们基本的安全意识，避免幼儿发生意外。因此在体育游戏的教学中，教师不仅要带领幼儿做游戏，还要教给他们必要的安全常识。教师在活动前提出具体要求，如跑的活动要注意什么，眼睛里要有其他人。还可以让幼儿自己说说注意些什么，在幼儿头脑中树立安全观念。如某个幼儿玩攀登架时，总喜欢从最上边往下跳，这时就应提醒幼儿，从这么高跳下来，不仅自己会摔倒，还会碰到在底下玩的小朋友。引导幼儿理解和想象危险的存在，以及如何避免伤到自己和小朋友。

（三）教导的内容

幼儿体育活动的自我保护意识和行为，一方面通过教师安全教育和帮助，另一方面必须通过幼儿自身参与体育活动实践学习。比如，按常规取放运动器材，并做到不争抢；用合理的方法玩各种运动器材；会在体育活动过程中躲闪，不碰撞同伴；当自己的身体将要被碰撞时会避让；等等。

要摒弃那些为避免出现幼儿体育活动中的安全事故而采取的不正确的方法。如，减少幼儿体育活动时间和次数；缩小幼儿体育活动场地；减少体育活动器材；限制幼儿一部分正常的体育游戏的内容；等等。只有重视和完善教师对幼儿体育活动的安全教育和保护，提高幼儿动作技能和活动能力，培养幼儿的自我保护意识和能力，才能避免和减少幼儿在体育活动中的不安全行为，防止事故的发生。

四、注意体育游戏中对环境的要求

（一）注意季节、气候的变化

教师在安排体育游戏的时候，务必要考虑季节的因素。比如在炎热的夏天，要适当降低户外运动的时间，可以安排在清晨或傍晚进行。如果是冬季，则尽量将体育游戏教学安排在接近中午，或者小朋友午睡后的时间段里。这时候是一天气温最高的时段，幼儿在户外进行一些体育游戏，有助于提高他们的免疫力，预防感冒和流感等疾病的发生。另外，活动时幼儿会大量出汗，游戏结束后应先组织小朋友用毛巾抹去汗水再换衣服。如果天气潮湿闷热，可适当减少户外运动的时间，更多地开展室内活动。

（二）注重活动场地的安全条件

根据教育部规定，幼儿每天至少应有1个小时的户外活动时间。相比较于室内，户外存在更多的安全隐患，这就需要教师提前做好工作。比如，在上课前要检查操场的地面是否平整，是否有小石子等硬物。还要对操场上的大型器械认真检查，比如是否有损坏，以至于影响到正常使用，比如螺丝松动等情况，需要及时保修，避免小朋友们在玩耍时发生身体伤害。另外，对将要使用的道具、玩具等，要检查是否符合卫生标准，是否定期消毒等。这样，幼儿便可以根据自己的兴趣、爱好和能力去自由选择活动项目和活动器材，发展各自的动作及身体素质，从而能轻松、愉快、自由地活动。室内体育活动场，最好采用木地板或在地板上铺上软垫，放置一些幼儿活动器械，如跳床、平衡木、攀登架、硬纸盒、太空球、充气小城堡、垫子等。活动时，要求幼儿脱掉鞋子，只穿袜子，这既能避免尘土飞扬，保持场地的卫生，又能对幼儿的脚部起按摩的作用，并有利于幼儿触觉、运动感觉的发展。

五、学前儿童体育游戏素材分享

（一）安全标志

1.大型器械上的安全标志

在大型器械的明显部位，应该用生动、形象的图片标示出活动中需要注意的地方，尽量少用文字，多用图形表达，以吸引小朋友的注意。幼儿园的幼儿识字有限，因此应多用漫画和卡通的形式作为安全标志。

2.体育区域活动中的安全标志

在开放式体育区域的设置中，在入口处，或者器械存放处用图示标出正确的动作、规则，引导幼儿如何取放、使用各种玩具和设施，并对不正确的动作进行提示。

（二）环境布置

在学前教育阶段，对环境布置尤其重要。因为在幼儿阶段，幼儿的认知主要是通过感官获得，比如视觉和听觉，他们的逻辑、思维等能力还非常有限。有研究显示，小朋友通过对环境的感知和观察，可以获得很多重要的信息。因此，教师在布置环境时，可以将运动安全教育内容考虑进来，并融合在教学环境中。

（三）儿歌

儿歌在幼儿的教育活动中具有不可替代的作用。学前教育中的各个环节都会有儿歌的参与。教师往往通过各种儿歌对幼儿进行组织、教导和管理，除了学习知识和技能之外，教师在组织幼儿吃饭、午睡、洗手等许多环节都会借助儿歌的教育方式。在体育游戏环节，儿歌同样发挥着重要的作用，教师可以将游戏方法和游戏规则内化到儿歌中。由于儿歌的朗朗上口，非常容易记忆，因此，小朋友在吟诵儿歌的过程中，对游戏方法和安全事项就可以有很好的掌握。大量的实践证明，儿歌能有效地提高幼儿的自我保护意识和自我保护能力。一些常见的儿歌如下。

1.盥洗安全
哗哗流水清又清，
洗洗小手讲卫生。
排队洗手有秩序，
不推不挤别着急。
不跑不跳加小心，
洗手方法要记清
水滴甩到水池里，
防止滑倒伤身体。
安全卫生都重要，
宝宝健康身体好.

2.平衡木
平衡木，窄又长，
好像一座独木桥。
站在桥头别张望，
身体站稳不慌张。

眼睛向着前面瞧，
双手抬平更稳当。
一步一步走过去，
大家心里真欢畅。

3.骑小车
三轮车，跑得快，
我们大家来比赛。
交通规则很重要，
间隔距离掌握好。
遇到朋友让一让，
不要碰到他身上。
累了可以歇一歇，
换个朋友再骑上。
我骑小车快乐多，
互相谦让笑呵呵。

4.走楼梯
小小楼梯陡又陡，
小小眼睛瞅一瞅。
红色扶手两边有，
一步一步慢慢走。
上下楼梯不推挤，
安全快乐全都有

5.滑滑梯
滑滑梯，真有趣，
站在高处要注意。
你不推，我不挤，
上下谦让有秩序

抓牢扶手上滑梯，
身体坐直滑下去，
安全游戏是第一。

6.钻桌椅
小桌子，当山洞，
小椅子，做小桥，
小朋友们当火车，
钻了山洞过小桥。
头要低，腿要弯，
钻出山洞抬头慢，
前后距离保持好，
安全游戏乐无边。

7.大爬网
高高大大一张网，
能爬下来能爬上。
好像蜘蛛爬网上，
平平稳稳玩一场。
双手抓牢脚踩稳，
看看四周好朋友，
互相提醒别踩到，
平安快乐心欢畅。

参考文献

[1]王世龙.幼儿体育游戏创新技法及其实现路径[M].北京：北京工业大学出版社，2021.

[2]陈华俊.学前儿童体育教育[M].西安：西北工业大学出版社，2020.

[3]杨延秋，马威.学前儿童体育教程[M].上海：复旦大学出版社，2020.

[4]董姗.学前教育专业"十三五"规划教材幼儿体育游戏创编[M].北京：航空工业出版社，2018.

[5]邹师.幼儿体育游戏教学设计大班[M].北京：高等教育出版社，2013.

[6]邹师.幼儿体育游戏教学设计中班[M].北京：高等教育出版社，2013.

[7]邹师.幼儿体育游戏教学设计小班[M].北京：高等教育出版社，2013.

[8]郭余云.幼儿园阳光体育游戏活动120例[M].福州：福建教育出版社，2018.

[9]陆克俭，刘凌，杨梅.创意幼儿体育游戏大全适用于2-4岁[M].南京：江苏教育出版社，2009.

[10]方学虹，朱海鸣.幼儿园体育游戏活动设计[M].成都：四川大学出版社，2014.

[11]何淑艳，荣霁，曲波.学前儿童体育教育[M].南京：东南大学出版社，2018.

[12]刘春霞，温锡炜，晏梅花.学前儿童体育教育活动指导[M].北京：航空工业出版社，2019.

[13]汪超.学前儿童体育[M].上海：复旦大学出版社，2015.

[14]郑艾明.幼儿园体育活动的理论与方法[M].北京：北京邮电大学出版社，2013.

[15]荣慧珠.学前儿童体育教育[M].西安：西北大学出版社，2017.

[16]李英丽.胡元斌.学校运动安全与教育活动[M].合肥：安徽人民出版社，2012.

[17]王岚.让孩子动起来：幼儿园体育活动全课程[M].北京：农村读物出版社，2010.

[18]沈洪.学生体育运动安全手册教师用书[M].上海：华东师范大学出版社，2019.

[19]季建成.体育与生命安全教育[M].北京：北京体育大学出版社，2012.

[20]宋彩珍，张利芳.幼儿体育游戏[M].长沙：湖南师范大学出版社，2017.

[21]楼伟俊.体育教学实用游戏[M].上海：少年儿童出版社，2008.

[22]代晓明，谭文，喻正莹.新课程标准"十三五"规划教材全国学前教育学前儿童卫生学[M].上海：复旦大学出版社，2016.

[23]欧新明.学前儿童健康教育[M].北京：教育科学出版社，2002.

[24]李欣.体育游戏精选[M].北京：群众出版社，2018.

[25]赵薇，朱晓燕.自制玩具与体育游戏[M].南京：南京师范大学出版社，2016.

[26]徐俊君.幼儿园乡土体育游戏[M].北京：教育科学出版社，2016.

[27]金红芳.幼儿园经典体育游戏[M].杭州：浙江人民出版社，2016.

[28]梁志燊.中国学前教育百科全书——教育理论卷[M].沈阳：沈阳出版社，1995.

[29]万钫.中国学前教育百科全书——健康体育卷[M].沈阳：沈阳出版社.1995：50–51.

[30]刘馨.学前儿童体育[M].北京：北京师范大学出版社，2002.

[31]（美）伍斯特.体育基础：教学、锻炼和竞技（第十五版）[M].刘卫东，等，译.南京：江苏教育出版社，2007.

[32]教育部基础教育司.幼儿园教育指导纲要（试行）解读[M].南京：江苏教育出版社，2002.

[33]陈怡静，彭庆文.刍议动作发展视角下幼儿体育游戏设计中动作元素的选择[J].青少年体育，2022（06）：135–138.

[34]戴淑芳.浅谈民间体育游戏在学前体育教育中的选用[J].当代体育科技，2020，10（33）：144-146.

[35]朱子平，刘鎏，秦培府.国外学龄前儿童基本动作技能研究–兼论对我国幼儿体育教育的启示[J].吉林体育学院学报，2018（6）：43-48.

[36]蒋晨.幼儿园快乐体育运动的价值与组织策略[J].学前教育研究，2021（06）：93-96.

[37]周文龙，陈保鑫，栾欣玥.学前儿童体育教学中"快乐体育"理念的运用[J].产业与科技论坛，2021，20（21）：182-183.

[38]唐敏，冯其斌，宋春得.基于兴趣导向的幼儿体育发展对策研究[J].中国多媒体与网络教学学报（上旬刊），2018（10）：31-32.

[39]李振旗，陈芳丽，汤笑然.人类动作发展、演进与融合——当前动作学习研究热点述评[J].体育世界（学术版），2019（1）：57-58.

[40]李健.婴幼儿运动技能的培养[J].北京教育学院学报（自然科学版），2011（2）：64-68.

[41]冯帆.德育教育融入学龄前儿童体育游戏的实践研究[D].鲁东大学，2021.

[42]许慧敏.动作技能发展视角下幼儿体育游戏实施效果的实证研究[D].北京体育大学，2017.

[43]教育部.3–6岁儿童学习与发展指南[Z].北京：首都师范大学出版社，2012（8）：7–8.

[44]Harter S. The construction of the self：A developmental perspective［M］. Guilford Press，1999.

[45]Lubans D D R，Morgan P J，Cliff D，etal. Fundamental Movement Skills in Children and Adolescents[J]. Sports Medicine，2010，40（12）：1019-1035.

[46]Clark J E，Metcalfe J S. The mountain of motor development：A metaphor[J]. Motor development：Research and reviews，2002（2）：163.